LES BOHÉMIENS DE LONDRES

LA

TOUR

DU

ROI

PAR

LE VICOMTE PONSON DU TERRAIL

auteur de

Les Bohémiens de Londres, les Bohèmes de Paris, Coquelicot, le Testament de Grain-de-Sel, le Trou de Satan, les Chevaliers du Clair de lune, Amaury le Vengeur, la Belle Antonia, les Etudiants de Heidelberg, les Gandins, la Jeunesse du roi Henri, le Serment des Quatre Valets, les Mémoires d'un Homme du Monde, le diamant du Commandeur, les Drames de Paris, les Exploits de Rocambole, le Club des Valets de Cœur, la Revanche de Baccarat, la Dame au Gant noir, les Compagnons de l'Epée ou les Spadassins de l'Opéra, la Belle Provençale, la Cape et l'Épée, etc.

IV

PARIS

L. DE POTTER, LIBRAIRE-ÉDITEUR

RUE FONTAINE MOLIÈRE, 27.

LA TOUR DU ROI

AVIS AUX PERSONNES QUI VEULENT MONTER UN CABINET DE LECTURE.

BIBLIOTHÈQUE
DES
MEILLEURS ROMANS MODERNES
2,100 vol. environ, format in-8º. — Prix : 2,500 fr.

Cette collection contient les NOUVEAUTÉS de nos auteurs les plus en vogue publiées jusqu'à ce jour par la maison, lesquelles sont accompagnées d'affiches à gravures et autres.

Les Libraires qui feront cette acquisition recevront GRATIS, cent exemplaires du Catalogue complet et détaillé *avec une couverture imprimée à leur nom* pour être distribués à leurs abonnés.

La Maison traite de gré à gré pour un nombre moins considérable de volumes à des conditions très-avantageuses.

Le prix de chaque ouvrage, pris séparément, est de *cinq francs* net le volume.

Grandes facilités de payement moyennant les renseignements d'usage. Le Catalogue se distribue gratis aux personnes qui en feront la demande par lettres affranchies.

Wassy. — Imprimerie de Mougin-Dallemagne.

LES BOHÉMIENS DE LONDRES

LA
TOUR
DU
ROI

PAR

LE VICOMTE PONSON DU TERRAIL

auteur de

s Bohémiens de Londres, les Bohêmes de Paris, Coquelicot, le Testament de Graine-Sel, le Trou de Satan, les Chevaliers du Clair de lune, Amaury le Vengeur, la Belle Antonia, les Etudiants de Heidelberg, les Gandins, la Jeunesse du roi Henri, le Serment des Quatre Valets, les Mémoires d'un Homme du Monde, le diamant du Commandeur, les Drames de Paris, les Exploits de Rocambole, le Club des Valets de Cœur, la Revanche de Baccarat, la Dame au Gant noir, les Compagnons de l'Epée ou les Spadassins de l'Opéra, la Belle Provençale, la Cape et l'Épée, etc.

IV

PARIS

L. DE POTTER, LIBRAIRE-ÉDITEUR

RUE FONTAINE MOLIÈRE, 27.

Droits de traduction et de reproduction réservés

LES MÉTAMORPHOSES DU CRIME

PAR XAVIER DE MONTÉPIN

Le titre de ce livre est étrange. — Le livre est plus étrange encore. — L'imagination ne saurait rêver rien de plus terrible, de plus curieux, de plus émouvant, que le drame mystérieux et sinistre qui se déroule dans le nouveau roman de l'auteur des *Marionnettes du Diable* et des *Compagnons de la Torche*.

Nous ne croyons pas qu'il soit possible de pousser plus loin l'intérêt. — Le lecteur oppressé, haletant, agité d'une curiosité fiévreuse, ne peut quitter le livre commencé et va tout d'une haleine de la première à la dernière page.

Nous devons ajouter que les événements dramatiques racontés avec un talent hors ligne, reposent sur une base réelle, et que la donnée primitive du roman est empruntée à un procès criminel oublié aujourd'hui, mais qui fit grand bruit en 1830, et préoccupa la France et l'Europe entières.

Le type effrayant de *Rodille*, les personnages si attendrissants, si sympathiques de *Jean Vaubaron*, de *Blanche*, de *Paul Mercier*, compteront parmi les créations les plus heureuses du plus brillant romancier contemporain.

LES BUVEURS D'ABSINTHE

PAR HENRY DE KOCK.

Voici un nouveau livre d'Henry de Kock, appelé, comme succès, à rivaliser avec les meilleurs ouvrages de nos meilleurs romanciers. L'auteur du *Médecin des Voleurs*, des *Démons de la Mer*, et de tant d'autres romans qui ont leur place dans toutes les bibliothèques, s'est surpassé dans ses *Buveurs d'absinthe*. Sous ce titre original, et tout d'actualité, Henry de Kock a fondé une passion qui, malheureusement, tend de plus en plus à se répandre en France, comme celle d'une autre infernale liqueur, — le gin, — chez nos voisins d'outre-Manche. Au milieu des événements nombreux d'un drame des plus intéressants, Henry de Kock a montré ses *Buveurs d'absinthe* aux prises avec l'idiotisme, la folie, le crime, suites inévitables de leur manie dégénérée en vice, puis, à côté de ces types odieux il en a tracé d'autres, aimables ou amusants ceux-là, pour épanouir ou consoler l'âme du lecteur. C'est un livre qui restera que les *Buveurs d'absinthe*, non seulement comme un roman, mais aussi comme une étude utile à consulter, agréable à lire; comme une œuvre remarquable, tout à la fois comme philosophic et comme morale, comme style et comme portée.

Wassy. — Imprimerie de MOUGIN-DALLEMAGNE.

CHAPITRE VINGT-SEPTIÈME
(Suite.)

XXVII

« Où est le canot ? demanda-t-elle encore au capitaine.

— Celui du bord va vous mettre à terre avec eux.

— Ah! je ne retourne donc pas à Londres par la Tamise ?

— Je ne sais pas. »

Et le capitaine ajouta d'une voix émue :

« Topsy, je vous en supplie encore, restez à bord.

— Non, non, dit-elle en faisant un pas vers les hommes masqués.

— Alors, soupira-t-il, que votre destinée s'accomplisse ! adieu ! »

L'un des deux hommes masqués la prit par le bras et la conduisit vers l'échelle de tribord. Le canot était à flot et attendait.

Miss Ellen salua le capitaine de la main et mit bravement un pied sur l'échelle. Le second des hommes masqués était déjà dans le canot. Mais avant de descendre, la jeune fille qui prévoyait qu'on allait lui bander les yeux, jeta un dernier regard autour d'elle. La nuit venait et les brumes de la Tamise commençaient à obscurcir l'horizon. Les deux rives du fleuve étaient désertes, et Londres avait, depuis longtemps, disparu dans le brouillard. Quand elle fut descendue dans le canot, miss Ellen leva la tête et aperçut le capitaine du navire qui lui faisait un dernier geste d'adieu. En même temps, le canot s'éloigna du *Fowler* et remonta d'abord le courant pour se laisser ensuite aller à la dérive du côté de la terre.

Miss Ellen s'étonna alors qu'on ne lui bandât point les yeux. Et comme elle avait toutes les audaces, elle dit aux deux hommes masqués :

« Bien certainement, vous oubliez quelque chose. On a dû vous recommander de me bander les yeux. »

Ils secouèrent silencieusement la tête.

« La précaution est bonne pourtant, » fit-elle avec un rire railleur.

En quelques minutes, le canot toucha la rive gauche, et l'un des matelots du *Fowler* sauta lestement à terre, son amarre à la main, devenant ainsi une ancre vivante. L'un des hommes masqués avait pris miss Ellen par le bras. Il la fit sortir du canot, et lui dit :

« Venez ! »

Miss Ellen regarda autour d'elle, tandis que le canot reprenait le large, et elle n'aperçut aucun vestige d'habitation. Seulement, elle crut distinguer un groupe sombre à quelques pas de distance, et, lorsque entraînée par son conducteur, elle se fut portée en avant, elle reconnut un homme tenant quatre chevaux en mains. Le bohémien masqué la conduisit vers cet homme ; son compagnon, armé d'un poignard, marchait derrière elle.

« Il paraît, pensa-t-elle, que je vais

voyager à cheval. Où donc vont-ils me conduire ? »

En effet, parmi les chevaux, il en était un sellé pour une amazone.

Alors l'un des hommes masqués, silencieux jusque-là comme des spectres, prit la parole :

« Snob, fit-il, interpellant celui qui tenait les chevaux et qui comme lui était masqué, as-tu des ordres ?

— Oui, répondit le bohémien. Nous trouverons des frères sur la route. »

Miss Ellen commençait à devenir soucieuse.

« Mais, dit-elle, je suppose que nous retournons à Londres ? »

Elle entendit rire sous les masques, et murmura avec dépit :

« On m'a trompée !

— Miss Ellen, dit alors celui qui la tenait toujours par le bras, nous sommes ici trois hommes résolus, et nous avons ordre de vous tuer si vous tentez de vous échapper.

— Après ? fit-elle dédaigneusement.

— Donc, reprit l'homme masqué, nous pourrions vous garotter et vous jeter en travers d'une selle comme un sac de hardes ; mais nous préférons vous laisser monter à cheval et marcher au milieu de nous.

— Je suis sensible à cette courtoisie. »

Et elle se mit en selle, posant son pied gauche sur le genou de son conducteur. Deux bohémiens se mirent à sa gauche et à sa droite, le troisième ferma la marche et cria :

« Route de Brighton et au galop ! »

La nuit était obscure ; à peine l'œil perçant de miss Ellen aperçut-il un sentier blanchâtre devant elle. Elle tâta son cheval, comme on dit ; car elle était assez bonne écuyère pour deviner au bout de quelques minutes, le plus ou moins de puissance de l'animal qu'elle montait. En agissant ainsi, miss Ellen songeait toujours à prendre la fuite. Un coup de cravache bien appliqué devait lancer le cheval en avant ; et si l'animal avait du sang, il pouvait distancer sur-le-champ les chevaux des bohémiens.

Malheureusement l'espoir de miss Ellen devait s'évanouir aussitôt que conçu. Le cheval qu'elle montait était un bon gros poney au lourd galop, aux réactions dures, calme et froid comme la monture d'un juge. Les deux bohémiens qui galopaient à côté d'elle avaient, au contraire, deux hunters ou chevaux de chasse venus d'Irlande, à hautes actions, et à qui il suffisait de rendre la main pour en obtenir une vitesse fantastique.

« Allons ! se dit miss Ellen avec rage, ils ont tout prévu. »

La route de Brighton était assez large pour qu'on y pût galoper trois de front. Les chevaux allaient bon train, et la nuit devenait de plus en plus obscure. Au bout d'une heure de marche rapide, les cavaliers entendirent retentir un coup de sifflet. L'un des bohémiens appuya deux doigts sur ses lèvres et répondit. Le chemin qu'ils suivaient longeait alors une forêt qui descendait par un plan incliné vers la mer. Les cavaliers s'arrêtèrent un moment, et de la lisière de la forêt se détachèrent aussitôt trois autres cavaliers qui vinrent à la rencontre de miss Ellen et de son escorte.

« La nuit est noire ! dit l'un d'eux.

— Vive la nuit ! » répondit celui qui chevauchait à la gauche de la jeune fille.

C'étaient les mots de passe. Les trois nouveaux venus se rangèrent deux en avant, un en arrière :

« En route, le temps presse ! » cria celui qui semblait commander aux autres.

Miss Ellen, malgré son courage commençait à perdre un peu la tête :

« Que veulent-ils donc faire de moi ? » se demandait-elle.

— On courut une heure encore; puis un nouveau coup de sifflet fut échangé; et trois autres cavaliers vinrent grossir l'escorte de la bohémienne. Celle-ci sentait ses cheveux se hérisser et une sueur glacée coulait lentement le long de ses tempes. La nuit s'épaississait de plus en plus, et la brise de mer venait lui fouetter le visage. Tout à coup, le chemin fit un coude, abandonnant brusquement le bord de la forêt et se dirigeant vers les falaises qui dominaient la mer. D'autres cavaliers attendaient à ce coude, et l'escorte de miss

Ellen se trouvait forte maintenant de douze hommes, tous masqués, tous muets, le mot d'ordre échangé. Miss Ellen commençait à se repentir de n'être point restée à bord du *Fowler*.

Soudain, comme on approchait des falaises, un bruit lointain arriva jusqu'à elle. C'était le galop précipité d'un cheval.

« Qui sait? pensa-elle, c'est peut-être Roger... »

Mais en même temps les bohémiens poussèrent leurs montures, et l'un deux allongea un vigoureux coup de cravache au poney de miss Ellen. La bise, de plus en plus piquante, annonçait le voisinage de la mer.

C'était chose sinistre et fantastique que cette troupe de cavaliers qui galopaient sans prononcer un mot, entourant une femme qu'ils conduisaient on ne savait où, et qu'attendait quelque mystérieuse et terrible destinée. Enfin un dernier coup de sifflet retentit et, l'escorte tout entière s'engagea dans une sente creusée dans la falaise et qui descendait par des rampes tortueuses jusqu'à la mer.

La zingara sentait une folie vertigineuse la gagner peu à peu. Le froid lui avait donné une sorte de somnolence maladive, et elle avait cru rêver un moment, rêver qu'une troupe de démons l'entraînaient vers une des bouches de l'enfer.

Mais, à partir du moment où les derniers cavaliers rejoignirent l'escorte, elle ne rêva plus. On entendait mugir la mer en bas de la gorge, et la bise glacée qui fouettait le visage de la bohémienne l'empêcha désormais de fermer les yeux. Enfin une voix, celle du cavalier qui avait pris la tête de l'escorte, se fit entendre :

« Halte ! cria-t-elle. Halte et pied à terre ! »

Chaque cavalier obéit. Miss Ellen tremblait si fort maintenant qu'il fallut l'enlever de sa selle et la poser à terre. Deux bohémiens la prirent alors chacun par la main et on continua à l'entraîner dans la direction de la mer. La gorge devenait trop étroite, et la pente trop rapide pour que les chevaux pussent aller plus avant.

On fit marcher miss Ellen un quart

d'heure encore. Vainement essayait-elle de reprendre courage, de rappeler à elle tout son sang-froid, et d'espérer encore. Elle n'entendait plus ce galop lointain dont le bruit avait amené sur ses lèvres le nom de Roger.

Maintenant les rauquements de la mer qui roulait les galets de la plage dominaient tous les bruits, même celui des pas des zingari qui marchaient derrière la bohémienne. Au bout d'un quart d'heure, et comme la gorge qui continuait à se resserrer, faisait un nouveau coude, Topsy vit tout à coup briller un point lumineux. C'était une lueur rougeâtre comme celle d'une forge et cette lueur semblait jaillir de terre.

« C'est ici ! dit alors celui des bohémiens qui s'était tenu constamment à sa gauche.

— Ici ? » fit-elle avec effroi.

Il ricana sous son masque :

« Tu sais bien, Topsy, dit-il, que de pauvres bohémiens comme nous n'ont à leur disposition ni la Tour de Londres, ni le palais de Saint-James, et qu'il faut bien qu'ils établissent leur salle de tribunal quelque part.

— Un tribunal! murmura-t-elle avec l'accent de la terreur.

— Pour te juger, répondit le bohémien. Viens! viens! l'heure approche. »

Et il l'entraîna brusquement; bientôt elle put reconnaître d'où provenait cette lueur rougeâtre qui semblait être le but de leur course. C'était un feu allumé à l'entrée d'une grotte qui s'enfonçait sous la falaise. Un homme masqué comme les autres, mais d'une taille herculéenne, attisait ce brasier. Miss Ellen reconnut le colosse Samson.

« Venez! dit le bohémien, le président est sur son siége. »

Avant de franchir le seuil de la grotte, miss Ellen tourna la tête. La troupe des bohémiens marchait derrière elle.

« Mon Dieu! murmura-t-elle, sentant ses genoux fléchir, vont-ils donc me tuer?

— Hé! hé! ricana le géant, on dirait que la petite va se trouver mal! »

Et il la prit dans ses bras, l'enleva de

terre comme une poupée et lui dit avec un rire sinistre :

« Viens ça, chère mignonne ! »

La grotte était spacieuse et couverte de blocs de granit. La gitane éperdue vit un homme, le visage couvert d'un masque blanc, assis sur le quartier de rocher le plus élevé.

C'était sans doute le président.

Chaque bohémien entra dans la grotte et vint se ranger autour de l'homme au masque blanc. Le colosse reposa miss Ellen sur ses pieds, mais il continua à appuyer ses deux larges mains sur ses épaules frissonnantes. Alors le président jeta un rapide regard autour de lui et compta les cavaliers.

« Vingt-quatre ! dit-il. Le nombre y est... »

Miss Ellen reconnut cette voix et jeta un cri. Mais le président n'ôta point son masque, au travers duquel ses yeux brillaient comme les charbons ardents du brasier qui flambait à l'entrée de la grotte.

« Miss Ellen, dit alors le président qui s'éleva, la clémence de ceux que vous avez trahis, est épuisée enfin. On vous avait offert la liberté, si vous consentiez à quitter l'Angleterre, on vous offrait une fortune, et vous avez refusé...

— Oh! s'écria miss Ellen, retrouvant un reste d'énergie, les morts sortent-ils donc du tombeau? »

Le président ôta son masque, et la bohémienne terrifiée tomba à genoux ; elle avait reconnu Jean de France! Jean reprit :

« Topsy la gitana, c'est en vain que tu as renié notre race, c'est en vain que tu as ourdi tes trames criminelles pour t'affranchir de nous et nous trahir. L'heure du châtiment va sonner pour toi. Ces hommes que tu vois là, ont été choisis par le sort, dans notre tribu, et ils vont prononcer sur ta destinée. »

Miss Ellen regardait autour d'elle avec épouvante. Jean de France poursuivit :

« La sentence que ces hommes vont prononcer contre toi, sera exécutée sur-le-champ, Topsy la gitana. Ainsi n'espère plus de grâce. »

Et alors, il s'adressa à celui des hommes masqués qui se trouvait à sa droite :

« Quel châtiment mérite cette femme ? lui demanda-t-il.

— La mort, » répondit cet homme.

Miss Ellen jeta un nouveau cri.

Jean de France interrogea ainsi chaque bohémien.

Dix-huit optèrent pour la mort.

Six seulement gardèrent le silence. Ceux-là étaient jeunes sans doute, et la merveilleuse beauté de la jeune fille les avait émus.

« Mourir! mourir! s'écria miss Ellen, mourir à vingt ans!.. pitié!.. »

Les cris de cette jeune fille si belle émurent ses juges, et quelques voix répétèrent le mot de grâce. Mais Jean de France se leva et imposa silence.

« Miss Ellen, dit-il, tu peux choisir : perdre ta beauté et vivre!

— Oh! non! dit-elle, plutôt la mort!.. tuez-moi! tuez-moi!..

— Non. Tu vivras et tu resteras belle pour ton châtiment! » dit une voix au seuil de la grotte, une voix impérieuse et dominatrice comme celle d'un chef suprême.

Un homme masqué comme les bohémiens, et vêtu comme eux, s'avança brusquement, en prononçant le mot de passe : *La nuit est noire !*

Jean de France se leva précipitamment et s'écria :

« Sommes-nous donc trahis ? Quel est cet homme ? »

Mais le nouveau venu marcha jusqu'à lui, mit une main sur son épaule et lui dit à voix basse :

« Je me nomme Amri, et j'ai le droit d'ordonner, car je suis ton roi ! »

En même temps il ôta et remit rapidement son masque, si rapidement que, seul, Jean de France put voir son visage. Le bohémien s'inclina humblement :

« Ordonnez ! j'obéirai ! »

Le roi des bohémiens releva Jean de France et lui dit :

« Commande à ces hommes de s'éloigner.

— Tous ? fit Jean de France.

— Tous à l'exception de celui-là, » et il désigna le colosse.

Jean de France étendit la main et dit avec soumission :

« Frères, celui qui est au-dessus de nous vous ordonne de sortir ! »

Et les bohémiens, qui avaient coutume d'obéir à Jean de France sans jamais discuter ses volontés, se levèrent et sortirent.

— Retournez à Londres, » ajouta Jean de France.

Bientôt la grotte ne contint plus que quatre personnes : Jean de France, humble et dompté en présence de l'homme masqué, comme jadis, dans le cirque, le lion devant Androclés; Samson, qui ne comprenait rien à ce qui venait de se passer, et miss Ellen, qui éprouvait la stupeur du condamné qui reçoit sa grâce sur les marches de l'échafaud. Elle s'était relevée, mais ses jambes refusaient de la porter. Enfin l'homme masqué, debout, calme, la tête rejetée en arrière, ôta son masque quand les bohémiens furent sortis. Alors seulement la gorge crispée de miss Ellen put laisser échapper un cri de joie et de reconnaissance :

« Roger ! dit-elle.

— Le marquis d'Asburthon ! murmura Samson.

— Non plus le marquis d'Asburthon, mais Amri le bohémien, Amri le fils de Cinthia et le chef de sa tribu ! » répondit le jeune homme. Et Samson, épouvanté comme Jean de France, se courba devant le maître. Alors Roger fit un pas vers miss Ellen :

« Ces hommes voulaient te tuer ; moi,

je t'ai fait grâce, mais c'est à la condition que tu quitteras Londres, cette nuit même, et que tu iras rejoindre sir Robert Walden, en Écosse, et que tu ne songeras plus à devenir la femme de Lionel. »

Miss Ellen baissait les yeux.

Roger se tourna vers Samson :

« Tu vas, dit-il, conduire cette jeune fille hors d'ici, tu la feras monter à cheval, et tu la conduiras jusqu'à la porte de l'hôtel Walden. »

Samson s'inclina.

« Allez! dit encore Roger qui montra

d'un geste le chemin à miss Ellen, et ajouta, s'adressant à Samson : « malheur à toi s'il tombe un cheveu de sa tête ! »

Samson prit miss Ellen dans ses bras et l'emporta hors de la grotte. Alors Roger regarda froidement Jean de France.

« A nous deux ! » dit-il.

CHAPITRE VINGT-HUITIÈME

XXVIII

Jean de France, le chef de tribu, qui courbait tout un peuple sous sa volonté, était maintenant humble et tremblant sous le regard de Roger.

« Oui, reprit Roger, à nous deux, nabab Osmany, je sais ton vrai nom maintenant : tu t'appelles Jean de France et tu es le frère de ma mère Cynthia. »

Jean baissait les yeux et se taisait. Roger poursuivit :

« Cynthia m'a bien dit comment moi, Amri le bohémien, j'avais été substitué à l'enfant mort, au fils légitime de celui dont je n'étais que le bâtard ; mais ce qu'elle n'a pu me dire, c'est le but que tu poursuis depuis si longtemps. Tu as osé me faire lord, me faire pair, me faire colonel d'un régiment du roi. Bolton et toi vous avez menti à toute l'aristocratie anglaise, en lui disant que Cynthia était folle; vous m'avez menti à moi-même, en m'affirmant que j'étais bien le vrai, le légitime marquis d'Asburthon. Pourquoi ? »

Et en prononçant ce dernier mot, Roger regarda fixement son interlocuteur.

Mais alors Jean de France releva fièrement la tête :

« Amri, dit-il, puisque le secret de votre naissance vous est connu, il faut bien que je m'explique ?

— Parle, dit Roger.

— Une nuit, deux hommes vinrent demander l'hospitalité dans le camp des bohémiens, à trois lieues de Calcutta. L'un était le chirurgien Bolton, l'autre le plus grand seigneur de l'Inde anglaise, lord Asburthon. Ce dernier vit au seuil d'une tente, un enfant de trois ans qui jouait et se roulait dans la poussière : c'était vous. Et les entrailles de cet homme s'émurent, car il reconnut son sang. Lord Asburthon était bien votre père. La nuit suivante, j'étais blessé et couché sous ma tente, quand l'un de ces hommes revint. C'était Bolton. Il venait de la part de lord Asburthon, affolé de douleur, il venait chercher l'enfant de la nuit pour en faire le fils du grand jour. Une vipère noire, glissée dans le hamac du jeune marquis Roger, par l'infâme sir James, avait donné la mort à l'enfant. D'abord, continua Jean de France, je voulus résister, car ce fut à moi que Bolton s'adressa ; mais il fit briller à mes yeux cet avenir splendide qui s'ouvrait devant vous, et j'eus le vertige. Voir un homme de ma race monter aussi haut, s'asseoir à côté des pairs du royaume, triompher en lui, nous, les réprouvés et les bannis, ah ! c'était à rendre fou d'orgueil ! Et alors j'ai accepté la mission qui m'était confiée, j'ai veillé sur vous nuit et jour, à toute heure, comme eût fait une mère, et je n'ai fait, en mentant ainsi à l'Angleterre tout entière, qu'obéir aux volontés de lord Asburthon, votre père, qui ne voulait pas que ses biens et son titre passassent jamais au fils de l'infâme sir Jack, le calomniateur et le bourreau de lady Cecily. Et maintenant, si je suis coupable, condamnez-moi, vous qui êtes mon roi, mon maître ! »

Et Jean de France fléchit le genou devant Roger. Roger le releva et lui tendit la main :

« Tu es un bon et loyal serviteur, Jean dit-il ; et je te pardonne le mal que vous m'avez fait, Bolton et toi... Ah ! continua-t-il en portant la main à ses yeux mouillés de larmes, ce que je souffre depuis que je connais la vérité tout entière, nul ne la saura jamais. Moi, Amri, le bohémien, j'ai été lord, j'ai été pair, j'ai commandé un régiment, j'ai été le fier et noble marquis Roger d'Asburthon! et je ne suis qu'un bâtard, un valet!... »

Jean de France fit un geste énergique :

« Vous êtes le fils de lord Asburthon !

— Oui, le bâtard, murmura Roger.

— Soit, mais il est trop tard maintenant pour fouler sous vos pieds cette couronne de marquis, et ce manteau de pair qui nous ont coûté si cher, monseigneur. Ah! poursuivit Jean de France avec émotion, si notre présence à Londres vous gêne et vous humilie, dites un mot, faites un signe, nous nous éloignerons, nous repasserons la mer ; et, soyez tranquille, votre secret sera gardé plus fidèlement que s'il était enfoui dans un cercueil. »

Roger secoua la tête :

« Non, dit-il, vous ne partirez pas, ou plutôt, je partirai avec vous. »

Et comme Jean de France faisait un mouvement, le jeune homme ajouta :

« Ecoute, Jean. Si l'infâme sir James vivait encore, si la couronne ducale et les immenses biens de la famille d'Asburthon devaient passer à sa race exécrée, je n'aurais certes pas le courage de jeter le masque...

— Mais, interrompit Jean de France, si vous renoncez à ce titre et à cette fortune, Qu'adviendra-t-il ? Un décret du parlement déclarera la famille d'Asburthon éteinte, et ses immenses biens retourneront au domaine de la couronne. »

Roger secoua la tête :

« Tu te trompes, Jean, dit-il. Le nom

d'Asburthon ne s'éteindra pas. Lady Cecily avait un autre fils que le marquis Roger ?

— Oui, dit Jean, mais ce fils est mort.

— Tu te trompes, Jean, ce fils existe, et tu le connais.

— Que dites-vous ? s'écria le bohémien en pâlissant.

— La vérité. Le second fils de lord Asburthon mon père, et son véritable héritier, tu le connais, Jean, tu t'es battu côte à côte avec lui au fort Saint-George. C'est le capitaine Lionel. »

Jean de France jeta un cri de rage.

« Tu le vois donc bien, reprit Roger, il ne me reste plus qu'à descendre de ce pouvoir que j'avais usurpé innocemment. »

Jean de France, en présence de la mort, devant le bourreau levant sa hache, eût été moins atterré qu'il ne le fut en ce moment.

« O mon Dieu ! murmura-t-il en cachant son visage dans ses deux mains, mon Dieu ! mon rêve devait-il donc finir ainsi ? »

Roger ne répondit point, car un bruit se fit au dehors et un homme apparut dans le cercle de lumière décrit par la flamme du brasier.

« Bolton! le docteur! s'écrièrent en même temps Jean et Roger.

— J'ai fait cinquante milles en six heures, et j'ai crevé mon dernier cheval à deux cents pas d'ici, » répondit le chirurgien en montrant ses bottes poudreuses et ses vêtements en désordre.

Il paraissait en proie à une surexcitation extraordinaire.

« Mais j'arrive à temps !

— Qu'est-ce ? Qu'y a-t-il ? demanda Roger.

— Il y a, répondit Bolton avec animation, que notre ennemi sir Robert Walden sait tout.

— Sir Robert ? fit Roger, mais n'était-ce pas l'ami de mon père ?

— C'est votre ennemi mortel, dit Bolton.

— Ah !

— Et de tous ceux de votre race, car, ajouta le chirurgien, je vois qu'on n'a plus rien à vous cacher maintenant. Eh bien ! poursuivit Bolton, sir Robert Walden a bien travaillé depuis quinze jours ; il a parcouru l'Écosse et l'Angleterre, il a visité dans leurs châteaux, les principaux membres de la chambre des lords, et il compte, dans huit jours prendre la parole au Parlement.

— Pourquoi faire ?

— Pour demander qu'on chasse du royaume cette race de vagabonds, de mendiants et de voleurs qu'il nomme les bohémiens.

— Ah ! dit Roger.

— Maintenant, milord, acheva brutalement Bolton, voyez si c'est l'heure pour vous de déclarer bien haut que vous êtes le fils d'une zingara, et de rendre le nom et le titre des Asburthon légitimes à votre frère Lionel. »

Roger courbait le front comme Jean de

France, et une lutte terrible semblait s'élever en lui.

« Non, non! s'écria-t-il enfin en relevant fièrement la tête, légitime ou bâtard, j'ai dans les veines un sang qui ne ment jamais ni à l'honneur, ni au devoir. L'officier ne donne point sa démission la veille d'une bataille, le soldat ne songe point à jeter son épée lorsqu'il entend le bruit lointain du canon! »

Et comme Bolton et Jean de France se

regardaient, se demandant l'explication de ces paroles, Roger ajouta :

« Ah! sir Robert Walden osera réclamer du Parlement l'expulsion des bohémiens? Eh bien! il y aura un pair d'Angleterre qui se lèvera pour les défendre ! »

Bolton et Jean de France suspendaient leur regard et leur âme aux lèvres de Roger.

« Rassurez-vous, mes amis, leur dit-il, je suis encore le marquis Roger d'Asburthon, colonel des dragons du roi ! »

Jean de France et Bolton frémirent d'enthousiasme et se courbèrent fascinés sous le regard étincelant du jeune chef de tribu.

CHAPITRE VINGT-NEUVIEME

XXIX

Cependant miss Ellen et Samson galopaient vers Londres.

Esclave docile, qui obéit d'abord et ne songe point à raisonner, Samson avait emporté miss Ellen hors de la grotte, il l'avait mise à cheval, avait sauté lui-même en selle, et, pendant près d'une demi-heure, abasourdi par tout ce qu'il venait de voir et d'entendre, il n'avait pas même songé à se demander la raison des événements qui venaient de s'accomplir.

Mais enfin, et tandis qu'il courait ventre à terre à côté de la jeune fille, prêt à casser la tête, d'un coup de pistolet, à celui qui, maintenant, fût-ce un bohémien, oserait porter la main sur elle, son épaisse intelligence se prit à réfléchir.

Il chercha longtemps et finit par trouver :

« Ah ! j'y suis ! se dit-il, c'est le *petit*. »

C'était ainsi qu'il désignait le fils de Cynthia dans ses monologues.

« Le petit sait maintenant toute la vérité, et comme ça le fatigue d'être marquis et pair d'Angleterre, il préfère redevenir roi des bohémiens, ce qui est infiniment plus agréable ! »

De son côté, miss Ellen retrouvait peu à peu toute sa présence d'esprit et raisonnait froidement, à mesure qu'elle se rapprochait de Londres.

« Me voici sauvée une fois encore ! se disait-elle, le diable est avec moi plus que jamais. Roger sait tout, je le vois, il me méprise, dit-il, et je ne dois plus compter sur lui, mais il me reste Lionel, et si je puis lui parler avant qu'il ait revu le faux marquis d'Asburthon... »

Cette espérance devenait pour le génie fertile de miss Ellen la base de tout un nouveau plan d'opération. Ni elle ni Samson n'échangèrent un mot pendant la route. Ils avaient marché tout le jour, au coucher du soleil, le pavé de Londres résonnait sous le fer de leurs chevaux et, peu après, ils s'arrêtaient à la porte de l'hôtel Walden. Mais, en mettant pied à terre dans la cour, la jeune fille tressaillit subitement. Derrière le valet accouru pour lui ouvrir, elle avait aperçu sir Robert Walden. Sir Robert était grave et calme comme un juge armé d'une sentence.

« Mon oncle ! » balbutia miss Ellen avec confusion.

Le baronnet fit trois pas vers elle et lui dit avec l'expression du plus profond mépris :

« Je suis au courant de toutes vos abominables intrigues, de vos relations avec les gens de votre race, de vos rendez-vous nocturnes avec cet imposteur affublé du nom et du titre de marquis d'Asburthon.

Topsy, la bohémienne, poursuivit sir Robert Walden avec un accent glacé, on m'avait toujours affirmé que si jeune qu'on prenne un louveteau, il est impossible de l'apprivoiser. Tôt ou tard les mauvais instincts de sa race reprennent le dessus et il mord la main qui l'a nourri. »

Miss Ellen écoutait pétrifiée.

« Topsy, continua sir Robert Walden, vous allez sortir de chez moi. Je vous chasse ! Le banquier Brixworth vous payera chaque mois une pension honorable, car je ne veux pas que vous soyez forcée de mendier votre pain.... en attendant, prenez ceci, » et il lui mit un portefeuille dans la main.

Mais miss Ellen prit le portefeuille et le jeta dédaigneusement aux pieds de sir Robert Walden.

« Je ne veux pas de votre pitié ni de votre aumône, » dit-elle.

Et elle sortit la tête haute, de cette maison où elle avait passé son enfance ; elle en sortit sans jeter un regard en arrière au bruit que fit la porte en se refermant sur elle.

. . . .

Topsy se trouvait alors sur le pavé de

Londres, sans abri, sans ressources, et Samson avait disparu. Toute autre que cette âme de fer eût été brisée de tant de coups ; toute autre se fût mise à pleurer.... Mais Topsy avait l'indomptable énergie de sa race, et le seul regret qu'elle exprima de se voir chassée de l'hôtel Walden, fut traduit par ces mots :

« Sir Robert m'ayant déliée de toute reconnaissance, je puis maintenant agir sur Lionel. »

La nuit était froide, la brise sifflait, et

on eût pu croire que la jeune fille, succombant sous le poids des émotions et de ses fatigues, irait chercher un refuge dans quelque hôtel du voisinage ; car elle avait conservé sa bourse qui renfermait une vingtaine de pièces d'or. Il n'en fut rien cependant, miss Ellen connaissait la valeur du temps et savait, par expérience, que souvent une minute de plus ou de moins décide d'une destinée. L'œil observateur de la jeune fille s'était arrêté sur le costume de voyage de sir Robert Walden, dont les bottes étaient couvertes de poussière.

« Il n'a pas eu le temps de voir Lionel ! » s'était-elle dit sur-le-champ.

Elle se rendit donc dans le Strand où, toute la nuit, circulent de nombreuses voitures, et se jeta dans la première qui vint à passer.

« A la caserne des dragons du roi ! » dit-elle au cocher.

Miss Ellen se souvenait que Lionel devait être de service. En effet, le factionnaire lui apprit que le jeune officier était rentré vers minuit.

« Pourrai-je lui parler ? demanda miss Ellen ; il s'agit de choses de la plus haute importance.

— Vous ne pouvez entrer, dit le soldat, mais vous pouvez lui écrire. »

Miss Ellen dit au soldat :

« Il vous suffira de lui dire mon nom. »

Le factionnaire entr'ouvrit la porte du poste où sommeillait, sur des lits de camp, les soldats de garde. Il en appela un qui accourut.

« Mon ami, lui dit miss Ellen qui lui

montra son beau visage dans le cercle de lumière décrit par les lanternes de la voiture, voulez-vous aller dire au capitaine Lionel que miss Ellen Walden a besoin de le voir à l'instant même. »

Elle lui mit une couronne dans la main, et le soldat partit. Cinq minutes après Lionel accourut et jeta un cri de joie en la reconnaissant.

« Ah! se dit-elle, il ne sait rien! »

Lionel avait souffert mille morts depuis le matin. D'abord, il avait attendu Roger à l'hôtel d'Asburthon, mais Roger n'était point rentré ; seulement, vers midi, il avait envoyé ce billet laconique à son frère :

« Je suis sur les traces de miss Ellen. »

Le pauvre jeune homme avait passé la journée à errer de l'hôtel Walden à la maison de sa mère, et de l'hôtel d'Asburthon à la caserne des dragons. La nuit était venue ; toutes les heures de la soirée avaient successivement tinté aux horloges des paroisses voisines : miss Ellen n'était point revenue à l'hôtel Walden, le marquis Roger n'avait point reparu à l'hôtel d'Asburthon. Lionel était à demi fou de douleur. Cependant l'instinct du devoir vint lui rappeler qu'il était de service ce jour-là, et qu'il devait remplacer, à la caserne, le capitaine Hardy à minuit. Il avait alors cherché dans les soucis du service une sorte de distraction forcée à ses terribles préoccupations. Tantôt il avait foi en Roger; tantôt, au contraire, il se défiait de lui et se demandait si son frère ne s'entendait point avec miss Ellen pour le tromper. Cette dernière supposition prit même un tel empire sur son esprit qu'il alla jusqu'à croire que Roger avait fait enlever miss Ellen. Enfermé dans sa chambre, la tête dans ses mains, en proie aux tortures de la jalousie, le jeune officier tourna à peine la tête lorsque le soldat entra, car il crut qu'on venait le chercher pour affaire de service. Mais au nom de miss Ellen il bondit sur ses pieds, étouffa un cri et se précipita sur les pas du soldat.

« Vous! vous! fit-il en saisissant avec

transport la main que miss Ellen lui tendait par la portière de la voiture.

— Moi ! répondit-elle d'une voix altérée, moi qui suis perdue si vous ne me venez pas en aide ! » et elle ajouta :

« Pouvez-vous vous absenter ?

— Oui, en prévenant un de mes camarades en le priant de prendre mon service.

— Alors, dit-elle, hâtez-vous, car les minutes valent des siècles ! »

Lionel, tout ému, rentra dans le poste,

y prit un crayon et écrivit un billet au capitaine Hardy, qui était son ami intime, le suppliant de venir le remplacer ; puis il monta dans la voiture, à côté de miss Ellen, en lui disant :

« O mon Dieu ! que vous est-il donc arrivé ? Ah ! si vous saviez ce que j'ai souffert ! »

Miss Ellen lui prit vivement le bras :

« Lionel, dit elle, m'aimez-vous ?

— Si je vous aime !

— Etes-vous homme à braver pour moi mille colères ?

— Je braverai la mort en souriant, vous le savez bien.

— Et bien ! mon oncle et Roger ont juré votre perte !

— Ah ! s'écria Lionel.

— C'est mon oncle qui m'a fait enlever la nuit dernière, poursuivit miss Ellen, pour me séparer de vous à jamais et m'unir au marquis Roger.

— Mais c'est infâme ! » s'écria Lionel pâle de colère.

Miss Ellen lui prit les deux mains :

« Il est temps encore, mon ami, lui dit-elle, renoncez à moi.

— Jamais!

— Vous voulez donc que je sois votre femme ?

— Oh! murmura Lionel, n'est-ce pas le rêve de ma vie ?

— Eh bien! fuyons alors, quittons Londres cette nuit-même, réfugions-nous dans quelque province obscure, dans quelque village ignoré où un prêtre bénira notre union sans retard, dit-elle avec animation, ou sans cela, nous sommes perdus! »

Lionel ne comprenait pas très-bien, mais les blanches mains de miss Ellen serraient les siennes ; sa voix enchanteresse le fascinait ; il oublia Roger, il oublia sa mère, et murmura un seul mot :

« Fuyons ! »

Alors miss Ellen donna un ordre au cocher, et la voiture partit au grand trot.

. . . .

Pendant ce temps, le calme et méthodique

sir Robert Walden remettait au lendemain une conversation qu'il projetait d'avoir avec Lionel sur miss Ellen, se promettant bien de le désillusionner et de le guérir d'un indigne amour.

CHAPITRE TRENTIEME

XXX

Il s'était écoulé trois jours depuis le retour du baronnet sir Robert Walden à Londres. Depuis trois jours, le digne gentleman était en proie à une poignante émotion.

Lionel avait disparu. Lionel, d'après le récit fait par les soldats, était monté, à la porte de la caserne, dans une voiture où se trouvait une femme, et les soldats se souvenaient très-bien que cette femme avait dit se nommer miss Ellen. Donc, il y avait une chose qui ne faisait plus doute pour sir Robert Walden : Lionel s'était enfui avec la bohémienne.

Le digne baronnet s'était adressé à la police de Londres, si habile d'ordinaire : la police avait fouillé toutes les hôtelleries et n'avait pas trouvé trace des fugitifs. Et, sir Robert se désespérait, car il savait fort bien que la zingara ne laisserait point reparaître Lionel qu'il ne l'eût épousée.

En Angleterre, et surtout à cette époque, deux amoureux se présentaient au premier pasteur venu, dans une église quelconque, et le pasteur les mariait. Cette pensée torturait le vieux gentleman qui, depuis quinze jours, avait fait deux serments. Le premier : que jamais miss Ellen n'épouserait Lionel ; le second, plus solennel encore, consistait à forcer Roger le bâtard à se dépouiller du titre et de la fortune du marquis d'Asburthon en faveur du fils légitime, c'est-à-dire de Lionel. Comme il se désespérait et s'apprêtait à retourner pour la dixième fois depuis trois jours chez le chef de la police, on vint lui dire qu'un homme qui, par son costume, paraissait être un marchand, demandait à lui parler sans retard. Sir Robert ordonna qu'on l'introduisît. Cet homme, qui entra en se courbant jusqu'à terre et avec force génuflexion, était presque un vieillard ; il était grêle, chétif, avait un petit œil gris d'une extrême mobilité, des cheveux rares et blancs, et le visage allongé comme un museau de renard.

« Il me semble que j'ai déjà vu cet homme quelque part, se dit sir Robert.

— Votre Honneur ne me reconnait pas sans doute ? fit le vieillard en saluant pour la vingtième fois.

— Oui.... non.... en effet.. il me semble, balbutia sir Robert.

— J'ai eu l'honneur de rencontrer Votre Honneur aux Indes.

— Ah ! fit sir Robert.

— Deux fois même : une fois sur la route de Chandernagor à Calcutta ; l'autre, dans le schoultry de Brahmane. »

Ces mots furent un trait de lumière pour sir Robert Walden.

— L'homme à la fouine ! dit-il.

— Précisément, Votre Honneur ; c'est moi qui suis Nathaniel, le père de la petite Topsy, le joaillier du Strand, à qui vous avez fait donner cinquante coups de fouet.

— Après ? dit sir Robert en fronçant le sourcil ; est-ce de l'argent que tu veux ? »

Nathaniel secoua la tête :

« Dieu merci ! dit-il, mon commerce est assez bon, et depuis quinze ans que je suis établi dans le Strand, je n'ai pas eu à me plaindre, si ce n'est une fois, il y a un peu plus d'un an, à l'époque où j'ai été comdamné au fouet. Le peuple, qui est bête et donne toujours raison à l'oppresseur contre l'opprimé, n'a pas voulu croire que la belle miss Ellen est ma fille, et il a pillé ma boutique. Heureusement j'avais livré mes commandes les plus importantes la veille, et le coroner m'a fait indemniser.

— Ah çà, interrompit sir Robert Walden, impatienté de la faconde de Nathaniel, ce n'est pas, je suppose, pour me raconter tes affaires que tu es venu ici ?

— Non, certes, Votre Honneur.

— Alors, que veux-tu ?

— Voici, reprit le bohémien. Je me fais vieux, j'ai cinq cents livres de revenu, un bon commerce et pas d'héritier. Je voudrais avoir ma fille.

— Ah! fit sir Robert.

— Elle ferait si bien dans ma boutique où elle attirerait les chalands, car, entre nous, Votre Honneur, c'est un joli brin de fille.

— Eh bien! dit sir Robert Walden avec calme, je n'y vois pas d'inconvénient.

— Ah! fit Nathaniel qui leva un clair regard sur le baronnet.

— Ta fille, poursuivit sir Robert, s'est

mal conduite avec moi qui avais été son bienfaiteur.

— Oh! cela ne m'étonne pas, dit Nathaniel avec calme. Elle ressemble à sa défunte mère qui ne valait pas grand'chose.

— Et je l'ai chassée, ajouta sir Robert.

— Je sais encore cela, Votre Honneur. »

Sir Robert eut un mouvement d'impatience.

« Que viens-tu donc faire ici?

— Attendez, poursuivit le bohémien. Je sais bien d'autres choses encore.

— Tu sais où elle peut être ? s'écria le baronnet en lui saisissant le poignet.

— Précisément, Votre Honneur.

— Parle, mais parle donc, misérable !

— Oh, doucement, Votre Honneur, poursuivit le bohémien avec calme. Commençons par faire nos conditions. »

En examinant ce visage blafard, ces lèvres minces, cet œil mobile et qui fuyait le sien, sir Robert Walden comprit qu'il ne tirerait rien de cet homme par la violence.

« Parle, » répéta-t-il, résigné d'avance à l'écouter jusqu'au bout.

Nathaniel reprit :

« Topsy n'est plus à Londres; elle est partie avec un beau capitaine à qui, paraît-il, Votre Honneur s'intéresse fort et qui va l'épouser.

— Oh! s'écria sir Robert Walden, cela ne sera pas!

— Si Votre Honneur sait s'y prendre, non; mais si... Votre Honneur ne daigne point m'écouter...

— Toi? fit le baronnet avec dédain.

— Moi, répondit froidement le bohémien.

— Je crois te deviner, murmura sir Robert, tu veux me vendre le secret de la retraite de ta fille. »

Nathaniel secoua la tête.

« J'ai déjà dit à votre Honneur que je ne voulais pas d'argent.

— Alors, que veux-tu ?

— Ecoutez bien, Votre Honneur. Le capitaine Lionel a été si bien entortillé par la petite qu'il ne croira ni vous, ni moi, ni personne. »

Sir Robert Walden frappa du pied le parquet avec une sourde colère.

« Un seul homme, poursuivit Nathaniel, pourrait s'opposer au mariage.

— Et... cet homme ?

— C'est moi. Malheureusement, Votre Honneur ayant toujours nié que je fusse le père de Topsy...

— Eh bien ! je ne le nierai plus.

— Oh ! dit Nathaniel, cela ne suffit plus maintenant.

— Que faut-il encore ?

— Il faut que Votre Honneur me conduise chez le roi George. »

Sir Robert eut un haut-le-corps, et ne put réprimer un éclat de rire.

« Il faut, poursuivit tranquillement Nathaniel, que Votre Honneur me conduise à Saint-James, me présente au roi et lui avoue que je suis bien le père de Topsy ; enfin, qu'il supplie Sa Majesté de vouloir bien ordonner que ma fille me soit rendue. Avec cet ordre écrit, je me charge du reste. »

Sir Robert Walden voulut résister, car il lui répugnait singulièrement d'avoir à convenir devant le roi qu'il avait fait passer pour sa nièce la fille d'un bohémien.

« Ce que tu demandes là est impossible, dit il à Nathaniel.

— Alors, répondit le joallier du Strand, que Votre Honneur me pardonne de l'avoir dérangé. Je n'ai plus qu'à me retirer. »

Et il fit un pas vers la porte.

« Reste! dit impérieusement sir Robert Walden, et dis-moi où est ta fille. »

Le bohémien secoua la tête.

« Non, dit-il. C'est à prendre ou à laisser. Si Votre Honneur préfère que la bohémienne Topsy épouse le capitaine Lionel...

— Non, cela ne sera pas! s'écria résolûment le baronnet.

— Non, si Votre Honneur daigne me conduire à Saint-James. »

Sir Robert Walden comprit que cet homme le tenait à sa merci. Refuser, c'était laisser accomplir le mariage du vrai marquis d'Asburthon avec une abominable aventurière. Conduire Nathaniel à Saint-James, c'était se condamner, lui, sir Robert Walden, un gentilhomme, et avouer un mensonge. Mais quand il s'agissait de l'honneur d'une famille mis dans la balance avec son propre orgueil, sir Robert Walden ne pouvait hésiter longtemps.

« Soit, dit-il enfin, je vais te conduire chez le roi. »

Et il sonna pour demander sa voiture.

« Votre Honneur a raison, murmura

Nathaniel, de prendre ce parti. La petite Topsy jouerait fort mal un rôle de grande dame, elle sera beaucoup mieux dans ma boutique. »

. . . .

Un homme aussi important que le baronnet sir Robert Walden, dont l'éloquence avait plus d'une fois fait sensation au parlement, ne pouvait faire antichambre chez le roi. Il n'eut donc qu'à se nommer pour passer sur le corps d'une vingtaine de courtisans et de solliciteurs qui attendaient patiemment le bon plaisir de S. M. Britannique.

Le roi George III était seul, ce jour-là, dans son cabinet, occupé à caresser un magnifique ara des îles qui était posé sur son poing gauche, lorsqu'on lui annonça que sir Robert Walden sollicitait la faveur d'être admis en sa présence. En voyant entrer le baronnet, George III se fit un abat-jour de sa main, et put voir derrière lui la mine cauteleuse de maître Nathaniel, lequel était mis comme un marchand et non comme un gentilhomme.

« Sire, dit sir Robert Walden pour couper court aussitôt à l'étonnement que manifestait le roi de voir ce singulier personnage pénétrer jusqu'à lui, depuis les anciens rois saxons jusqu'à Votre Majesté, les souverains de la libre Angleterre n'ont jamais dédaigné de rendre eux-mêmes la justice.

— C'est vrai, dit le roi.

— Sire, poursuivit humblement sir Robert Walden, l'homme que vous voyez-là, tremblant sous l'auguste regard de

Votre Majesté, est un malheureux père que sa fille renie, et qui vient supplier le roi de lui faire rendre notre enfant. »

Alors sir Robert Walden, tout à fait maître de lui, expliqua au roi attentif, et cela avec une habileté merveilleuse, glissant avec prudence sur certains faits, il expliqua, disons-nous, comment miss Ellen s'appelait Topsy et comment elle était la fille de Nathaniel. Le baronnet sut adroitement se justifier d'abandonner sa fille adoptive, en dévoilant les instincts pervers qu'elle avait montrés. Le roi George trouva la réclamation de Nathaniel si juste, qu'il fit appeler son capitaine des gardes et lui dit, en montrant le joaillier :

« Vous allez suivre cet homme, vous appréhenderez sa fille, au nom du roi, et vous la conduirez dans la maison de son père. Si elle persistait à nier qu'elle est la fille de cet homme, vous lui direz que sir Robert Walden a témoigné du contraire. »

Le capitaine des gardes s'inclina. Mais, au moment où sir Robert Walden allait sortir, un nouveau personnage entra dans le cabinet du roi. C'était le marquis Roger d'Asburthon à qui son grade de colonel des dragons ouvrait les petits appartements, ce qui le dispensait de passer par les grandes antichambres. Roger ne parut point étonné de la présence du bohémien Nathaniel. Sir Robert Walden, au contraire, tressaillit à la vue du jeune colonel. Roger le salua de la main.

« Sire, dit-il au roi, mes dragons sont de garde au château aujourd'hui, et je viens prendre le mot d'ordre que Votre Majesté daigne donner tous les jours. »

Le roi fit un signe qui voulait dire : « Attendez que nous soyons seuls. » En même temps, sir Robert Walden fit un pas de retraite. Mais Roger le retint d'un geste, et, s'adressant toujours au roi :

« Je suis heureux de rencontrer sir Robert Walden chez Votre Majesté. »

Le baronnet s'inclina légèrement.

« Car, poursuivit Roger, je supplierai Votre Majesté de me laisser l'entretenir de choses qui ne seront point indifférentes, j'ose l'espérer, au très-honorable baronnet.

— Parlez, marquis, dit le roi.

— Sire, reprit Roger, un officier de mon régiment, le capitaine Lionel, dont sir Robert Walden est, je crois, le tuteur... »

Sir Robert s'inclina.

« Vient d'encourir une grave punition. Il a quitté Londres sans permission, et va se marier avec une aventurière si Votre Majesté n'y met bon ordre.

— Ah! fit le roi avec une grimace de dégoût.

— Cette aventurière, poursuivit Roger, se fait appeler miss Ellen Walden, mais elle est en réalité la fille de cet homme qui se nomme Nathaniel.

— Comment! dit le roi en regardant tour à tour Nathaniel, Roger et sir Robert Walden.

— La présence de sir Robert Walden et de ce Nathaniel dans le cabinet du roi, acheva Roger, m'apprend que, sans doute, Votre Majesté a déjà donné des ordres.

— Oui, fit le roi d'un signe de tête.

— Alors, si cet homme peut se retirer, je supplierai votre Majesté de m'accorder quelques minutes d'audience en présence de sir Robert Walden. »

Le baronnet fronçait le sourcil, ne sachant où le marquis Roger en voulait venir. Le roi fit un signe. Le capitaine des gardes emmena le joallier Nathaniel, et Roger demeura en présence de sir Robert Walden. George III, qui commençait à souffrir depuis quelques mois d'un mal mystérieux qui devait se changer bientôt en folie, George III, souvent d'humeur acariâtre, se fût certainement impatienté de la lenteur que Roger mettait à s'expliquer, s'il n'avait eu pour le jeune et vaillant colonel une affection presque paternelle.

» Voyons, marquis, dit-il avec bonté, de quoi s'agit-il?

— Sire, je viens apprendre à Votre Majesté, une nouvelle qui l'étonnera fort sans doute, mais dont sir Robert Walden que voilà, aura, je n'en doute pas, la bonté d'affirmer la véracité. »

Sir Robert regarda Roger qui, alors, s'adressa directement au baronnet :

« Mon cher collègue, lui dit-il, vous pouvez raconter au roi que vous étiez l'ami de feu lord Asburthon, mon père.

— C'est vrai, dit le baronnet.

— Que mon père, poursuivit Roger, abusé par de faux rapports, croyant lady Cecily sa femme, coupable, la tenait éloignée de lui, ainsi que son second fils, mon frère cadet, par conséquent. Les terreurs de lady Cecily, poursuivit Roger, furent telles, à l'endroit de cet enfant, pour lequel elle redoutait l'aveugle colère de lord Asburthon, qu'elle le fit passer pour mort.

— Comment! dit le roi, cet enfant n'est pas mort?

— Non, sire.

— Qu'est-il donc devenu?

— Il est capitaine dans mon régiment, et je viens vous demander sa grâce, car c'est lui qui, amoureux fou de cette aventurière, a quitté Londres et son régiment sans autorisation.

— Puisque c'est votre frère, marquis, dit le roi avec bonté, je le relève de la punition qu'il a encourue, nous lui avons accordé un congé de trois mois.

— Ah! sire, » reprit Roger en s'inclinant profondément devant le roi.

George III fit aux deux gentilshommes un salut de la main qui équivalait à un congé.

Tous deux s'inclinèrent et sortirent.

. . . .

« Un mot, milord? dit sir Robert Walden à Roger, comme ils traversaient l'antichambre royale.

— Quatre, si cela plaît à Votre Honneur, répondit froidement Roger.

— Je désirerais vous entretenir longuement, aujourd'hui même. Vous plairait-il m'assigner un rendez-vous ? »

Roger entraîna sir Robert Walden dans l'embrasure d'une fenêtre et lui montra les grands arbres du parc Saint-James.

« Voyez, dit-il, le jardin est désert. Nous y serons au mieux.

— Soit, » répondit sir Robert Walden.

Ils descendirent au jardin et gagnèrent une allée ombreuse et déserte.

« A présent, dit Roger, j'écoute Votre Honneur tout à mon aise.

— Milord, reprit sir Robert Walden, je me suis absenté de Londres, il y a quinze jours.

— A la suite de certaine séance mystérieuse du club de l'*Hermine*, je crois, » fit sèchement Roger.

Sir Robert Walden le regarda :

« Ah! vous savez cela? dit il.

— Oui, dit le marquis avec hauteur, je sais même que miss Ellen et vous, aviez trouvé une certaine bohémienne appelée Cynthia, laquelle se disait ma mère. »

Ces paroles, prononcées avec un accent glacé firent éprouver à sir Robert Walden l'impression que subit le spadassin qui compte sur sa botte secrète et qui, tout à coup, voit cette botte parée. Cependant, il ne sourcilla point :

« Puisque vous me parlez le premier

de ces évènements, milord, dit-il, je vois que ma tâche va se simplifier.

— Comment cela, monsieur ?

— Cette femme, nommée Cynthia, reprit sir Robert Walden et qui se disait votre mère...

— Après ? fit Roger.

— Cette femme, dis-je, enlevée par de prétendus infirmiers de Bedlam, ne se trouve pas dans cette maison d'aliénés.

— Je le sais.

— Ah!... vous... le savez ?

— Oui, je la fais soigner par le chirurgien Bolton.

— Vous croyez donc à sa folie ?

— J'y crois, milord. »

Un sourire ironique vint aux lèvres de sir Robert Walden. Mais Roger demeura calme.

« Vous me disiez donc, reprit-il, que vous aviez quitté Londres, il y a environ quinze jours ?

— Oui, milord.

— Vous êtes allé faire un voyage en

Ecosse et, sur votre chemin, dit Roger en scandant ses paroles, vous avez parlé à quelques membres de la chambre haute de certaine loi de proscription que vous comptez demander au parlement?

— Peut-être... » dit à son tour sir Robert Walden.

Roger était calme et fier comme un lion au repos.

« Monsieur, dit-il à sir Robert Walden, où voulez-vous en venir? »

Cette question directe déconcerta quelque peu le baronnet.

« Je veux faire chasser les bohémiens du royaume, dit-il en regardant fixement le marquis. C'est le seul moyen, selon moi, de forcer les imposteurs à se démasquer.

— Mais, dit froidement Roger, ces gens-là ne cachent point leur origine.

— Vous croyez ? » ricana le baronnet.

Roger posa sa main sur l'épaule de sir Robert Walden, et, le regardant à son tour :

« Écoutez-moi bien, dit-il. Entre gens comme nous, les mots à double entente sont inutiles. Je sais ce que vous pensez.

— Ah !

— A vos yeux, je suis un fils naturel substitué au fils légitime, le bâtard de lord Asburthon et de la bohémienne Cinthia ? »

Sir Robert garda un silence affirmatif.

« Aux yeux du roi, aux yeux de la noblesse, aux yeux du monde entier, je suis le marquis Roger, colonel de dragons du roi.

— Soit, dit sir Robert Walden.

— Je n'ai pas à vous dire, sir Robert, continua Roger avec un dédain superbe, si vous êtes dans le vrai ou si vous avez été trompé. Un homme comme moi ne descend point à se disculper.

— Cependant, si j'avais des preuves... »

Roger haussa les épaules :

« Je vous défie d'en donner, dit-il. Mais, écoutez-moi encore : vous êtes respectueusement attaché à lady Cecily ?

— Oui.

— Vous aimez Lionel comme un fils ?

— Oh ! certes, et je lui rendrai son héritage. »

Un sourire plissa la lèvre supérieure de Roger :

« C'est bizarre ! dit-il. Voici un jeune homme et un vieillard face à face, et c'est le vieillard qui a des emportements juvéniles, quand le jeune homme demeure calme. Tâchez donc de m'écouter, monsieur.

— Soit, parlez ! murmura sir Robert Walden qui se mordit les lèvres.

— Si vous aimez réellement Lionel, dit le marquis Roger, je vous engage à me point jouer son avenir. Je lui fais la part assez belle, comme vous avez pu le voir.

— Milord, interrompit sir Robert avec brusquerie, si vous étiez le fils légitime...

— Ah! pardon, dit Roger dont l'œil étincela, je vous défends d'émettre ce doute, jusqu'à l'heure où vous pourrez prouver à l'Angleterre ce que vous osez avancer. »

Ces paroles hautaines exaspérèrent le baronnet. Il porta la main à son épée et dit :

« Je saurai bien vous forcer...

— Monsieur, répliqua froidement Roger, un coup d'épée ne prouve pas grand'chose. Il est probable même, si nous croisons le fer, que c'est moi qui vous tuerai, et vous aurez ainsi enlevé à Lionel son seul protecteur. »

Ces mots calmèrent le baronnet comme par enchantement. Roger continua :

« Je suis jeune, on me dit brave, et si la loyale Angleterre fait la guerre... qui vous dit que je ne serai pas tué au premier jour, à la tête de mon régiment?

— Excusez-moi, dit le vieux gentleman, mais je ne conseillerai point à Lionel d'attendre ce hasard.

— Et moi, monsieur, répondit Roger, je vois qu'il n'y a plus aucun moyen de nous entendre. Vous voulez la lutte, vous l'aurez !

— Soit, dit sir Robert.

— Vous avez tort, sir Robert Walden.

— On n'a jamais tort, répondit le baronnet, quand on obéit sa conscience.

— Ainsi, c'est la guerre ?

— Oui.

— Vous demanderez l'expulsion des bohémiens au parlement?

— Oui.

— Moi, dit froidement Roger, je les défendrai!... Adieu... »

Et il salua sir Robert Walden avec courtoisie et s'éloigna. Le baronnet croisa ses bras sur sa poitrine et demeura longtemps pensif.

« Cet homme est environné d'un triple airain, murmura-t-il enfin. Comment le forcer à se trahir? Il faut pourtant que la vérité se fasse jour! il faut que le bâtard cède la place au fils légitime! »

Il se mit à marcher à grands pas dans l'allée où il avait cheminé avec Roger. Tout à coup, il tressaillit en apercevant le docteur Bolton, qui traversait le parc. Bolton marchait la tête inclinée, et semblait ne pas voir sir Robert Walden. Le baronnet alla vers lui :

« Bonjour, docteur, » dit-il.

Bolton salua :

« Tiens ! fit-il je vous croyais en Écosse, mon cher baronnet.

— J'arrive, répondit sir Robert.

— Et vous êtes déjà aux environs de l'antichambre royale ? Seriez-vous devenu courtisan, sir Robert ?

— Non, dit le baronnet, mais je vais chez le roi quand j'ai besoin de sa justice.

— Vous aurait-on fait quelque passe-droit ?

— A moi, non.

— A qui donc, cher ?

— A un homme qui a longtemps passé pour mort, et qui est parfaitement vivant, répondit sir Robert.

— Pardon, dit Bolton, mais si vous le voulez bien, nous allons abréger. Je sais de qui vous parlez, c'est du capitaine Lionel, second fils du marquis d'Asburthon.

— Et son unique héritier, reprit sir Robert Walden, depuis la mort du véritable marquis Roger. »

Bolton regarda avec ébahissement le vieux gentilhomme.

« Mon cher baronnet, dit-il, vous m'excuserez si je ne me suis pas aperçu, en vous abordant, du véritable état de vos facultés mentales. Vous oubliez que je suis médecin aliéniste. »

Sir Robert prit le bras de Bolton et le serra violemment :

« Oh! dit-il, vous savez mieux que personne que je ne suis pas fou.

— Hé! hé! je ne voudrais point l'affirmer, surtout si vous me répétez encore de pareilles sornettes. Le marquis Roger mort! allons donc! je viens de le voir franchir la grille de Withe-Hall.

— Ce n'est pas le marquis.

— Bah !

— C'est le fils naturel de lord Asburthon et de la bohémienne Cynthia. »

Bolton haussa les épaules :

« Ah çà ! dit-il, est-ce que vous allez croire, vous aussi, aux calomnies répandues par cette petite Topsy dont vous avez fait votre nièce ? »

Sir Robert Walden regardait Bolton, et se demandait si cet homme n'était pas sincère, tant son œil était calme et son visage tranquille.

« Vous devez pourtant bien savoir la vérité, dit-il, vous qui étiez le médecin du feu lord Asburthon.

— Certainement, je la sais.

— Alors, parlez !

— Vous le voulez ?

— Si je le veux ! s'écria le baronnet qui prit la main de Bolton et la serra.

— Eh bien ! mon cher baronnet, dit le docteur, la vérité est que vous êtes sur la pente de la folie, et que vous ferez bien de rentrer chez vous, d'y faire votre malle et de vous en aller sur le continent. Le voyage est un excellent remède pour la monomanie. »

Et Bolton salua le baronnet stupéfait et s'éloigna.

« Oh! tous ces hommes sont pour lui ! » s'écria sir Robert Walden avec rage.

CHAPITRE TRENTE-ET-UNIEME

XXXI

L'audacieuse bohémienne avait mis le temps à profit. La voiture avait conduit les deux jeunes gens hors de Londres, à Hertfort. Le jour naissait comme ils entraient dans la ville. Durant le trajet, la bohémienne avait démontré au crédule Lionel que Roger et sir Robert Walden conspiraient contre eux, à l'envi l'un de l'autre, et que le premier avait juré, dans son orgueil, qu'il la ferait marquise d'Asburthon ; enfin elle avait fait comprendre à Lionel la nécessité de se cacher durant le jour et de ne voyager que de nuit.

« Où irons-nous ? » lui avait demandé Lionel.

La bohémienne avait fait ce raisonnement : « Mon oncle, Roger et tous les bohémiens vont bouleverser l'Angleterre pour nous retrouver. Le seul endroit où, certainement, ils ne songeront point à nous chercher, est ce coin de l'Ecosse où mistress Celia avait une maison blanche, entourée d'une prairie. C'est donc là qu'il faut aller. » Et elle dit à Lionel :

« Retournons à la maison blanche.

— Vous avez raison, ma bien-aimée, répondit l'amoureux capitaine. Le révérend Kilworth, qui dessert la paroisse voisine, nous mariera sans difficulté. »

Cependant Lionel poussa un soupir.

« A quoi songez-vous ? lui demanda miss Ellen.

— Je songe à ma pauvre mère, répondit Lionel.

— Oh ! nous la reverrons bientôt, dit-elle : aussitôt que nous aurons mis Dieu entre nous et l'insatiable ambition de mon oncle qui, vous le savez, a une déplorable influence sur l'esprit de votre mère. »

Ils passèrent la journée cachés dans un hôtel d'Hertford. Le soir, Lionel demanda des chevaux de poste. Le lendemain, au petit jour, leur berline de voyage s'arrêtait à l'entrée d'un petit village distant de Londres de près de quarante lieues. L'aubergiste qui tenait la poste était sur le seuil de la maison.

« Holà ! des chevaux ! » cria le postillon.

Alors l'hôtelier s'avança, ôta son bonnet de laine et, s'adressant à Lionel qui mettait la tête à la portière :

« Votre Honneur m'excusera, dit-il,

mais je ne puis lui fournir des chevaux avant deux heures.

— Pourquoi ?

— Parce que je n'en ai plus à l'écurie, mais que j'en attends du relais de Reven. Un lord, qui se rend en Ecosse, a passé tout à l'heure, et il a pris ceux qui restaient. »

Lionel et miss Ellen furent donc contraints de passer deux grandes heures dans cette auberge. Le jeune capitaine descendit plusieurs fois sur la route pour voir si les chevaux arrivaient. Pendant ce temps, enfermée dans sa chambre, miss Ellen prêtait une oreille distraite à l'entretien des gens de l'auberge qui causaient dans la cour.

« Hé ! Snob, disait une servante à un valet d'écurie, as-tu jamais vu un lord si noir ?

— Pour dire la vérité, Betsy, répondait Snob, ce lord-là est plutôt un Espagnol qu'un Anglais. Il a les cheveux noirs comme une aile de corbeau, et il est brun comme une olive de France. »

Ces mots frappèrent miss Ellen. Soudain elle songea à Jean de France, et une vague inquiétude l'assaillit. Mais Lionel remonta bientôt et lui dit joyeusement :

« Nous avons des chevaux, partons! »

Miss Ellen remonta en voiture et continua sa route, sans faire part à Lionel de son inquiétude. D'ailleurs, pourquoi lui aurait elle parlé de Jean de France? Et la chaise de poste conitnua à rouler un train d'enfer. Lionel semait l'or pour arriver plus vite. Le lendemain, au point du jour, la chaîne des monts Cheviot découpa ses lignes vaporeuses à l'horizon. Quelques heures plus tard, les deux jeunes gens arrivaient à la maison blanche, où les deux vieux serviteurs laissés par mistress Celia les accueillirent avec joie.

« Mon brave Glin, dit alors Lionel en s'adressant à l'un d'eux, tu vas monter à cheval, courir au village et nous ramener le révérend Kilworth. »

Glin enfourcha, sans répliquer, un poney des montagnes et le lança au grand galop sur le chemin du presbytère. Une heure après, le révérend Kilworth arrivait à la maison blanche. C'était un vieillard vert encore, à l'œil bleu plein de douceur, aux cheveux blancs comme la neige. Un désespoir d'amour l'avait jeté dans les bras de la religion, et il devait être plus que tout autre indulgent à ceux qui s'aimaient. Lionel et miss Ellen le prirent pour confident, elle, mentant avec candeur, lui, croyant à tout ce qu'elle lui avait raconté. Le vieux prêtre, qui se souvenait avoir toujours vu sir Robert Walden hocher la tête quand on lui parlait de l'amour de Lionel, crut sans peine à la version de miss Ellen. Sir Robert Walden devint, à ses yeux, un ambitieux qui voulait faire sa nièce marquise et se souciait peu de son bonheur. Il se défendit tout d'abord de céder aux instances des deux jeunes gens; mais il les vit si résolus, qu'il finit par se laisser fléchir.

« Eh bien! dit-il, je vous marierai, mais non point demain, mes enfants, car c'est demain vendredi, le jour où le Christ est mort en croix, mais samedi. »

Et comme ils poussaient un cri de joie, le révérend ajouta :

« Samedi, au coucher du soleil, présentez-vous à la porte du temple.

— Nous y serons, » répondirent-ils en pressant les mains ridées du vieux prêtre.

Le samedi, en effet, tandis que le soleil couchant dorait les vitraux de ses derniers rayons, l'église du petit village, garnie de fleurs, attendait les futurs époux.

Le prêtre avait revêtu les habits sacerdotaux, et les laboureurs des environs étaient accourus pour assister à la cérémonie. Un peu avant l'arrivée des mariés, une troupe d'étrangers passa devant l'église et y entra. Ces étrangers étaient au nombre de huit; quatre étaient vêtus comme des bourgeois qui voyagent pour leur commerce ; les quatre autres étaient enveloppés de longs manteaux qui ne cachaient qu'imparfaitement des uniformes de l'armée royale.

Le sacristain s'avança vers eux et leur dit :

« Désirez-vous quelque chose ? »

L'un d'eux répondit :

« Nous voulons prier Dieu. »

Le révérend Kilworth ayant entendu cette réponse, dit tout haut :

« La maison de Dieu est ouverte à tous ses enfants. »

Les étrangers gagnèrent le coin le plus obscur du temple et s'y agenouillèrent dévotement. Peu après, Lionel et miss Ellen arrivèrent, escortés par les serviteurs de la maison blanche ; les deux jeunes gens ne remarquèrent point les étrangers et allèrent s'agenouiller devant le maître-autel. Miss Ellen était radieuse, encore quelques minutes, et l'ambitieuse jeune fille allait voir son rêve s'accomplir, elle allait être la femme de Lionel, du futur marquis d'Asburthon, pair d'Angleterre. Comme le révérend descendait les marches de l'autel et s'avançait vers les futurs époux en prononçant la formule consacrée :

« Je vais procéder au mariage de Lionel Asburthon et de miss Elen Walden. Y a-t-il quelqu'un ici qui s'oppose à ce mariage ?

— Moi ! » dit une voix.

Alors Lionel et miss Ellen, frémissants, virent un homme se lever et s'avancer au milieu de l'église.

C'était le bohémien Nathaniel.

« Vous ?... dit le pasteur étonné, tandis que miss Ellen étouffa un cri en reconnaissant l'homme à la fouine, vous ?

— Oui, mon révérend.

— Qui êtes-vous ?

— Je suis le père de cette jeune fille, et voilà des gens qui peuvent l'attester. »

En ce moment les trois autres voyageurs vêtus d'habits bourgeois s'avancèrent lentement, et miss Ellen, épouvantée, reconnut Jean de France, Samson et le marquis Roger.

« Cet homme a dit vrai ! firent-ils tous ensemble.

— Roger ! s'écria Lionel qui pâlit de colère.

— Ces hommes mentent ! » s'écria miss Ellen d'une voix étranglée par la stupeur.

Mais alors celui des soldats qui semblait commander aux autres, s'avança à son tour.

« Au nom du roi ! dit il, je m'oppose à ce mariage, et j'intime à la bohémienne Topsy l'ordre de suivre son père, le joaillier Nathaniel. »

Miss Ellen jeta un cri terrible et tomba évanouie.

» Qu'on l'emporte ! ordonna l'officier du roi, tandis que le tumulte était à son comble.

— Misérable ! » s'écria Lionel en s'élançant vers Roger.

Mais le colonel des dragons, calme et tranquille, lui posa la main sur le bras et lui dit simplement, en lui montrant Nathaniel :

« La fille du bohémien Nathaniel ! »

Et Lionel, terrassé par ce regard et par ces foudroyantes paroles, courba la tête.

CHAPITRE TRENTE-DEUXIEME

XXXII

Un mois s'était écoulé depuis les derniers événements que nous venons de raconter.

Aux chaleurs torrides qui pèsent sur Londres, vers la fin de l'été, avaient succédé les bises et le brouillard de l'automne. C'était par une de ces nuits de brume intense pendant lesquelles la circulation des voitures devient impossible, et la lueur des lanternes inutile.

Les rares passants qui regagnaient leur demeure n'avançaient qu'à tâtons, rasant les murs, l'œil fixé sur les lanternes des rues dont la clarté n'était plus qu'un point rougeâtre dont il était impossible d'apprécier l'éloignement. Cependant, deux hommes enveloppés dans leurs manteaux, le chapeau sur les yeux, sortirent bravement par une des grilles du palais de Saint-James, et se prirent à marcher rapidement, s'enfonçant dans les rues de Londres comme des gens pour qui le brouillard n'a pas de mystères.

« Monseigneur, dit l'un d'eux, je crois que nous pouvons nous risquer ce soir.

— Je le crois aussi, mon bon Delton, répondit le second ; que le diable m'étrangle ! si mes créanciers songent à moi ce soir... mais, je t'en prie, soyons prudents, supprime les titres d'Altesse et de monseigneur, et appelle-moi seulement George. »

Celui qui se nommait Delton prit familièrement le bras de son compagnon.

« Vois-tu, mon pauvre Delton, le parlement aura beau faire de grandes phrases, et les papiers publics exalter la gloire de la noble Angleterre, cela ne l'empêchera point d'être le plus ennuyeux, le plus maussade de tous les pays du monde.

— En effet, murmura Delton, le climat laisse à désirer.

— Et les lois donc ! Ah ! fit le grand personnage avec amertume, j'ai toujours trouvé la plus amère ironie au fond de toutes ces formules de respect servile qu'emploie le peuple anglais vis-à-vis de ces malheureux esclaves qu'il a la bonté d'appeler ses souverains. Jolis souverains, ma foi! Le roi ne peut sortir du royaume sans l'autorisation du parlement, et son fils, du moment où il met le pied hors de Saint-James, redevient un simple citoyen, taillable et corvéable à merci, ou plutôt justiciable d'une douzaine de croquants et de drôles qui ont l'insolence de s'intituler ses créanciers.

— J'avoue, dit tout bas Delton, que ceci est tout à fait intolérable et parfaitement indigne de la monarchie anglaise.

— Ah! soupira le grand personnage, ce n'est point le roi de France qui tolérerait cela ; mais mon père est si faible! Figure-toi, mon bon Delton, que toutes les fois qu'il a à prononcer contre un gentilhomme et quelques épais marchands de la cité, il n'hésite jamais à condamner le premier. C'est le résultat de ses idées libérales, comme il dit. Il prétend que nos ancêtres, quand ils étaient en Hollande, étaient tenus d'obéir aux lois avant le dernier de leurs sujets.

— Que voulez-vous, monseigneur, le

remède à tous ces mots étant la patience, je conseille à Votre Altesse de se résigner. Quand Votre Altesse régnera...

— Mais tais-toi donc, imprudent; tu veux donc m'envoyer coucher au Queen's-Bench? »

Or, celui qui prononçait ces dernières paroles n'était autre que S. A. R. le prince de Galles, l'héritier présomptif de la couronne.

Une courte digression est indispensable pour expliquer l'étrange conversation qu'il avait alors avec le colonel Delton, son aide de camp et le confident, le compagnon ordinaire de ses fredaines. Le prince de Galles passait, dans l'opinion publique, pour le plus franc mauvais sujet de Londres. Joueur, libertin, perdu de dettes, il avait poussé si loin ses excès de toute nature, que des plaintes nombreuses étaient arrivées au roi George. Un jour, un membre de la chambre des communes eut le courage de déposer sur le bureau du président un volumineux manuscrit, qui n'était autre qu'une plainte collective de deux ou trois douzaines de fournisseurs que Son Altesse

Royale avait fait jeter dehors par ses gens, toutes les fois qu'ils avaient eu l'audace de réclamer leur argent. Le parlement s'émut quelque peu de cette protestation, et adressa une supplique respectueuse au roi. Alors le roi ordonna au parlement de déclarer, par un bill, que le prince de Galles pouvait être considéré par ses créanciers comme un simple particulier, appréhendé au corps et conduit en prison par les premiers constables qui serait requis de prêter main-forte à la loi. Puis il paya ses dettes et dit au jeune prince :

« Maintenant, monsieur, retenez bien ceci : vous êtes membre né de la chambre des lords; et sous le toit de Saint-James, vous êtes l'héritier présomptif de la couronne. Si vous faites de nouvelles dettes, vos créanciers ne pourront vous poursuivre ni dans Saint-James, ni dans l'enceinte du parlement; mais partout ailleurs, ils auront le droit de vous faire arrêter. »

Le jeune prince avait promis de devenir raisonnable et de ne plus dépasser son budget; mais promettre et tenir sont deux; au bout de trois ans, le prince était plus endetté que jamais Cette fois, le roi refusa de payer et ordonna que le bill rendu par le parlement ressortît son plein et entier effet. Dès lors, le prince ne sortit plus de Saint-James qu'en cachette, usant des plus grandes précautions, empruntant les déguisements les plus ingénieux. Quand il se rendait au parlement, c'était dans une voiture de la cour escortée par un piquet de cavalerie. On comprend maintenant que le brouillard, qui enrhumait et faisait tousser les bons bourgeois de la cité, plût au prince de Galles et qu'il le préférât à la lumière du soleil.

« Brr ! dit Delton, il fait horriblement froid ce soir.

— Aussi, répondit le prince, j'espère que mes créanciers sont dans leur lit.

— C'est assez probable.

— Crois-tu que personne ne nous a vus sortir, mon bon Delton ?

— Les abords du palais étaient déserts, monseigneur.

— Tu me rassures.

— Mais, reprit Delton, oserai-je vous faire une question ?

— Parle.

— Est-ce simplement l'amour du grand air qui pousse Votre Altesse à sortir par un temps pareil ?

— Non.

— Ah ! »

Ces deux monosyllabes furent gros, l'un de mystère, l'autre de curiosité.

« Je suis amoureux, dit le prince.

— Cela vous arrive souvent, monseigneur.

— Ah ! mais amoureux comme je ne l'ai jamais été.

— Allons-nous chanter une romance sous *son* balcon ?

— Elle n'a pas de balcon.

— Bah! fit Delton, tous les hôtels de Londres ont des balcons.

— *Elle* n'a pas d'hôtel.

— C'est donc une bourgeoise, quelque jolie femme d'affreux marchand ?

— Moins que cela.

— Oh! oh! monseigneur.

— J'ai envie de m'encanailler tout à fait, Delton, mon ami.

— Mais enfin, monseigneur...

— Veux-tu son portrait ?

— Assurément.

— Elle est blonde avec de grands yeux noirs, un petit pied cambré à prendre dans la main et à l'y cacher tout entier. Elle a dix-huit ans au plus, et est vêtue comme une fille du peuple : robe de laine, bas de laine, cheveux emprisonnés dans une résille bleue, petit manteau gris sous les plis duquel on devine une taille souple, élancée, délicate à rendre une duchesse jalouse.

— Mais voilà un portrait ravissant, ma foi.

— Tu trouves ?

— Dame; et où donc Votre Altesse a-t-elle rencontré cette merveille?

— Ah! c'est toute une histoire.

— Puis-je l'apprendre?

— Certainement. Il y a trois jours, en me rendant au parlement, je passais ici... là où nous sommes en ce moment. Tu sais que, lorsque je vais au parlement, je me moque de mes créanciers. J'avais donc mis la tête à la portière et je souriais à la foule de la meilleure grâce du monde. Tout à coup j'aperçus cette jeune fille, qui s'était arrêtée et regardait curieusement ma voiture et mon escorte.

— Et le beau visage de Votre Altesse.

— Peut-être... fit le prince avec un grain de fatuité. Je fis arrêter, je lui adressai un baiser et un sourire. Elle rougit et disparut. Mais un de mes gens, un valet fort intelligent qui se nomme Fox, ne la perdit point de vue ; et ce matin, en m'habillant, il m'a renseigné sur la demeure, les habitudes et l'entourage de ma belle inconnue.

— Où demeure-t-elle ?

— Oh! dans un quartier, dit le prince en riant, où jamais on ne me supposera capable de m'aventurer : au Wapping.

— En effet, monseigneur, si retors que soient vos créanciers, ils ne s'imagineront jamais que l'héritier présomptif de la couronne se promène, aux environs de minuit, dans le plus boueux et le plus infect des bas quartiers de Londres.

— Eh bien! doublons le pas, reprit le prince; j'ai hâte de voir ma merveille. »

Delton toussa comme un homme assez embarrassé.

« Est-ce que cela te répugne, d'aller dans le Wapping? demanda le prince en riant.

— Pas précisément; mais je trouve que ce n'est pas très-prudent. C'est un quartier infesté de voleurs, hanté par les matelots ivres.

— Est-ce que cela t'effraie, toi ?

— Et puis, dit Delton, cette jeune fille a sans doute un père, des frères, un amant peut-être...

— Rien de tout cela. Elle habite une petite maison avec sa sœur qui est au lit malade, et une vieille femme qui est sa tante, paraît-il. Du moins c'est ce que Fox prétend. D'ailleurs, ajouta le prince en souriant, nous avons de bonnes épées sous nos manteaux, et je crois que nous savons nous en servir.

— Chut! dit l'aide de camp.

— Qu'est-ce? fit le prince inquiet.

— Je crois qu'on nous suit.

— Diable!

— Depuis quelques minutes j'entends marcher derrière nous des gens qui semblent régler leurs pas sur le nôtre. »

Le prince de Galles passa la main sous son manteau et la posa sur la garde de son épée. Puis il prêta l'oreille. Deux voix chuchotaient dans le brouillard à une faible distance.

« Ce sont des bourgeois qui parlent de leurs affaires, dit le prince avec insouciance, occupons-nous des nôtres. »

Delton suivit le prince qui entra résolument dans le Wapping. Les pas continuèrent à se faire entendre.

« Mon bon ami, dit le prince de Galles en s'arrêtant tout à coup, ces gens là commencent à m'ennuyer !

Le prince s'étant arrêté les pas s'arrêtèrent. Le prince de Galles rebroussa chemin alors et marcha droit à ces hommes qu'il ne voyait pas, mais dont il entendait le pas et la voix. Tout à coup deux noires silhouettes se dessinèrent dans le brouillard.

« Holà! cria Delton, si vous êtes des coupe-bourses, vous vous adressez mal, mes amis. Nous avons le diable logé en notre poche, et à la ceinture deux bonnes rapières de trois pieds de long. »

Un éclat de rire moqueur fut la seule réponse qu'obtint cette apostrophe. En même temps, deux autres silhouettes, puis deux autres encore estompèrent leur ombre dans le brouillard. Delton se retourna : trois autres personnes arrivaient en sens inverse comme pour lui couper la retraite.

« Flamberge au vent ! dit-il tout bas, nous sommes cernés ! »

Le prince avait déjà l'épée hors du fourreau.

« Place ! manants, » dit-il.

Un second éclat de rire lui répondit seul. Puis un coup de sifflet se fit entendre. C'était un signal convenu, sans doute, car le cercle des silhouettes se resserra.

« Place! répéta le prince.

— Monseigneur, dit une voix railleuse, vous êtes reconnu, et le plus prudent est de vous exécuter de bonne grâce. »

Le prince fondit l'épée haute, sur l'homme qui venait de parler ainsi.

« Place! place! » répéta-t-il.

Les silhouettes s'écartèrent et reculèrent.

« Cette canaille voulait nous voler! dit le prince à Delton, chargeons-la. »

Les silhouettes prirent la fuite. Le prince alors se mit à les poursuivre, mais, à peine avait-il fait trois pas que son pied s'embarrassa dans un obstacle invisible. Il fit un faux pas, et tomba, laissant échapper son épée. Au même instant, deux bras robustes l'enlacèrent, et Delton, qui avait également trébuché fut pareillement appréhendé au corps et mis dans l'impossibilité de venir au secours du prince. L'obstacle qui venait d'arrêter le prince et son aide-de-camp était une petite corde tendue à un pied de hauteur en travers de la rue.

Alors les silhouettes se rapprochèrent de nouveau, se dessinèrent plus nettement dans le brouillard, et le prince de Galles se vit entouré d'une douzaine d'hommes bien armés. Alors encore, la voix railleuse prit un corps, et ce corps l'apparence d'un officier de la police commerciale, sorte d'agent spécialement chargé d'arrêter les débiteurs et de les conduire en prison.

« Misérables ! disait le prince de Galles exaspéré, vous payerez de votre tête cette insolence.

— Ma tête est fort bien sur mes épaules, monseigneur, ricana l'officier de police, aussi vrai que vous êtes S. A. R. le prince de Galles.

— Comment ! drôle ! s'écria le prince, tu me connais et tu oses...

— Ce n'est pas moi, monseigneur, c'est le parlement. A Dieu ne plaise que Jonathan Sunter, qui est un fidèle sujet de Sa Majesté, eut jamais songé à rendre un pareil bill. Arrêter le prince de Galles, l'héritier du trône, fi ! monseigneur. »

Le futur roi d'Angleterre s'imagina que l'agent de la police commerciale n'était pas incorruptible, et il lui tendit sa bourse :

« Prends, » dit-il.

L'agent secoua la bourse, comme s'il eût

voulu se rendre compte du nombre de pièces d'or qu'elle contenait, puis il la lui rendit.

« Je crois, dit-il, que Votre Altesse se trompe.

— Qu'est-ce à dire, maraud?

— La bourse de Votre Altesse contient une vingtaine de guinées, mais non point six mille livres, ce qui est le montant de la créance pour laquelle j'ai la douleur d'avoir arrêté Votre Altesse, que je suis depuis sa sortie du palais.

— Ah! traître!

— Je savais que Votre Altesse devait sortir, et j'ai pris mes précautions en conséquence.

— Coquin ! je te ferai pendre.

— La corde qui me serrera le cou, monseigneur, n'est pas encore filée.

— Quand je serai roi.

— Le roi George III se porte à ravir et il est plus jeune que moi. Quand votre altesse montera sur le trône, je serai mort ! Allons, monseigneur, continua l'agent, je ferai humblement observer à Votre Altesse qu'il fait froid, que le brouillard est humide et malsain et qu'elle fera bien de rentrer.

— Reconduisez-moi à Saint-James en ce cas.

— Non pas, monseigneur.

— Et où donc oserais-tu me mener ?

— Au Queen's-Bench, monseigneur. »

Le prince eut un léger frisson. Le recors poursuivit :

— Comme j'étais à peu près certain de la capture de Votre Altesse, j'ai prévenu le directeur et les guichetiers. Votre appartement est prêt, monseigneur

— Ah! bandit, misérable gredin! s'écria le prince, tu ne m'as point encore écroué. »

Et il essaya de se débattre et d'échapper aux mains de fer qui l'étreignaient. Le colonel Delton l'imitait, et il était parvenu même, car il était doué d'une force herculéenne, à renverser celui des agents qui l'avait pris à la gorge.

En ce moment, un pas sec, régulier, quoique rapide, retentit à quelque distance

« A moi! au secours! » cria le prince

qui crut reconnaitre une démarche militaire.

Les pas devinrent plus rapides, et un homme apparut.

« Qui donc appelle à l'aide ? demanda une voix claire et sonore.

— Moi, répondit le prince, moi George d'Angleterre, prince de Galles, sur lequel on a osé porter la main »

L'homme s'approcha, et, à sa vue, le recors laissa échapper un geste de surprise. C'était un homme de haute taille, vêtu d'une vareuse de matelot qu'il semblait porter comme un déguisement, tant il avait de noblesse dans sa physionomie, et trahissait l'homme d'éducation par sa démarche. Il ôta son chapeau ciré et salua respectueusement le prince. Puis il regarda froidement le garde de la police.

« Comment ! drôle, dit-il tu te permets de porter la main sur Son Altesse ?

— Le maître, » murmura l'agent à mi-voix.

Puis il balbutia tout haut :

« Excusez-moi, mais j'obéis aux ordres que j'ai reçus.

— Tu n'as d'ordres à recevoir que de moi, répondit l'homme à la vareuse, et je te commande de tomber aux genoux de Son Altesse qui, à ma prière, voudra bien te pardonner peut-être. »

Le prince était stupéfait. L'agent de la police commerciale fléchit un genou, et tout tremblant, balbutia quelques mots d'excuse.

« Va-t-en et emmène tes valets, » commanda l'homme à la vareuse.

La garde de la police ne se le fit pas répéter. Il fit un signe à ses hommes, salua et s'éloigna rapidement.

En deux minutes, tous ces hommes disparurent comme un flocon de fumée au souffle du vent, et le prince et son aide-de-camp demeurèrent seuls en présence de cet inconnu qui exerçait un si bel empire sur les agents de la police commerciale. Alors cet homme salua de nouveau le prince de Galles, et lui dit :

« Veuillez me pardonner, monseigneur, de ne m'être pas présenté assez tôt pour empêcher ces misérables. »

— Par les cornes du diable! interrompit le prince qui commençait à revenir de sa stupeur et considérait son sauveur avec curiosité, qui donc êtes-vous, monsieur, vous qui avez le pouvoir de faire reculer le seul homme qui ne recule jamais, un agent de la police commerciale ?

— J'ai rendu quelques services à cet homme, répondit modestement l'inconnu ; il était mon obligé.

— *Dewel!* murmura Delton, vous lui avez parlé avec l'autorité d'un maître.

— Je l'étais un peu... pour lui.

— Oh! dit le prince, je ne vous laisserai point vous éloigner, monsieur, sans avoir votre nom ; je veux, dès demain, vous témoigner publiquement.....

— Chut ! monseigneur, ne parlons point de ces choses. Seulement Votre Altesse me permettra bien, j'imagine, de l'accompagner jusqu'au palais de Saint-James ? »

Le prince de Galles, dont l'émotion se calmait peu à peu, se souvint alors du but premier de sa nocturne expédition.

« Mais, dit-il, c'est que je ne compte point rentrer à Saint-James.

— Votre Altesse a tort peut-être.

— C'est que je suis amoureux.

— Je sais cela... »

Et l'homme à la vareuse se mit à sourire ; puis, comme l'étonnement du prince redoublait, il ajouta :

« Votre Altesse a vu passer, il y a deux jours, une jeune fille blonde, coiffée d'une résille bleue.

— C'est parfaitement exact.

— C'est la sœur de la femme que j'aime, dit froidement l'homme à la vareuse. Or, si Votre Altesse a quelques égards pour un homme qui vient de lui épargner le *queen's bench*..... »

Le prince de Galles ne le laissa pas achever :

« Il suffit, dit-il, et, quoi qu'il m'en coûte, je ne pousserai pas plus loin l'aventure. Je suis libertin, je suis joueur, je suis endetté; mais, soyez tranquille, l'ami, je suis de noble race et de sang loyal; je vous engage ma parole de gentilhomme que je ne chercherai point à séduire cette jeune fille.

— Merci, prince.

— Maintenant, ajouta le fils du roi George, puisque ma course nocturne n'a plus de but, je vais user de vos offres de service ; reconduisez-moi à Saint-James, vous devant qui les gardes de police reculent.

— Je suis aux ordres de Votre Altesse. »

Tous trois se mirent en route.

« Savez-vous, dit le prince, que vous avez là un joli pouvoir, mon ami. Là où un fils de roi ne peut rien... »

— Je peux tout, n'est-ce pas ? répondit l'inconnu en souriant.

— Oui, certes.

— Il ne tient qu'à votre Altesse de se

fier à moi, et, désormais, elle pourra rentrer et sortir à toute heure de nuit et de jour.

— Ah! par exemple!

— C'est comme j'ai l'honneur de l'affirmer à Votre Altesse.

— Comment! mes créanciers me laisseraient tranquilles!

— Oui, prince.

— Ah ça! vous êtes donc magicien? dit Delton.

— Un peu.

— Eh bien! vendez-moi votre procédé,

mon ami, et, foi de prince, vous n'aurez point affaire à un ingrat.

— Votre Altesse aura-t-elle confiance en moi ? »

En parlant ainsi, l'inconnu attacha sur le prince un regard souriant.

« Oui, dit l'Altesse Royale. »

— Alors qu'elle vienne avec moi. »

Tandis qu'ils parlaient ainsi, ils avaient laissé le pont de Londres derrière eux et ils rentraient dans les beaux quartiers de la grande cité. L'inconnu marchait en avant, d'un pas rapide. Le prince et le colonel

Delton suivaient. Au bout d'un quart d'heure, tous trois s'arrêtèrent devant la porte d'une petite maison d'honnête et modeste apparence.

« C'est ici, » dit l'inconnu.

Et il sonna.

La maison était silencieuse et paraissait déserte. Cependant, au coup de sonnette, une vieille femme vint ouvrir, et, en voyant l'homme à la vareuse, elle salua avec respect.

« C'est quelque gentilhomme déguisé, » pensa le prince.

Et il entra dans la maison, sur les pas de l'inconnu. Celui-ci lui fit traverser un corridor, gravir un escalier, poussa une porte devant lui et l'introduisit dans une pièce assez vaste, dont l'ameublement et la disposition annonçaient le cabinet d'affaires d'un négociant. L'inconnu avança un fauteuil au prince et demeura respectueusement debout.

« Mais, dit ce dernier en riant, si vous êtes sorcier, votre laboratoire n'a rien d'effrayant, en vérité. »

L'inconnu se fit apporter une lampe à

abat-jour, que la vieille femme posa sur un grand bureau de chêne noirci ; puis il dit au prince :

« Le moyen que je vais indiquer à Votre Altesse est bien simple.

— Voyons ? dit le prince.

— Le créancier est un chien féroce qu'on apaise en lui donnant à manger.

— Parbleu ! dit le prince, si c'est là votre procédé, il est simple, mais d'une exécution difficile : je ne puis pas payer mes dettes. »

L'inconnu ouvrit un tiroir et en retira une liasse de papiers :

« Monseigneur, dit-il, voilà les dossiers de vos créances... »

Le prince de Galles fit un soubresaut dans son fauteuil.

« Elles sont acquittées, ajouta tranquillement l'homme à la vareuse.

— Pardon, mais...

— Et les voilà, » acheva l'inconnu qui les tendit respectueusement au prince.

Celui-ci croyait rêver ;

« Ah çà ! dit-il enfin, m'expliquerez-vous cela, monsieur ? »

— C'est facile, monseigneur. On a payé

vos dettes et désintéressé tous vos créanciers, à l'exception de celui qui vous faisait poursuivre ce soir encore et qui sera payé demain matin.

— Et qui donc a payé mes dettes ? s'écria le prince avec une soupçonneuse fierté.

— Des gens qui vous sont dévoués.

— Vous, peut-être?...

— Moi.

— Qui donc êtes vous ? »

Et le regard du prince sembla vouloir pénétrer au fond de l'âme de cet homme.

« Mon nom vous apprendrait peu de chose, monseigneur.

— Je veux le savoir. »

L'inconnu s'inclina :

« Je m'appelle Osmany, » dit-il.

Osmany se trompait : le prince avait entendu parler de lui.

« Vous êtes le nabab que le laird Mac Gregor a fait son héritier ? »

— Oui, monseigneur.

— Et vous payez mes dettes ? »

Osmany s'inclina. Le prince, stupéfait, le regardait toujours.

« Vous êtes donc bien riche? dit-il enfin.

— Pas moi, monseigneur.

— Qui donc?

— Une association que je représente, une compagnie.

— Quelle est-elle?

— Voici, monseigneur, dit Osmany, où il m'est impossible de satisfaire la curiosité de Votre Altesse.

— Cependant...

— Ce n'est pas mon secret, monseigneur.

— Mais, dit le prince qui tombait de

surprise en surprise, savez-vous bien que je dois six mille livres ?

— Votre Altesse ne les doit plus. »

Le prince se leva :

« Monsieur, dit-il, si le parlement payait mes dettes, je trouverais le procédé délicat ; mais une association qui veut demeurer inconnue... parlez, expliquez-vous, qu'est-ce que cela signifie ? »

— Monseigneur, répondit Osmany, si je me présente un jour au palais de Saint-James et demande à parler à Votre Altesse, me recevra-t-elle ?

— Si je vous recevrai !

— Eh bien ! un jour (quand ? je l'ignore), je me présenterai à Saint-James et je viendrai réclamer à Votre Altesse le prix du léger service que je lui rends aujourd'hui. »

Et comme le prince fronçait le sourcil, Osmany ajouta :

« Que Votre Altesse se rassure, le service que je lui demanderai ne mettra en péril ni son honneur ni son devoir. »

— Monsieur, répondit le prince, gardez ces dossiers ; je veux rester votre débiteur jusqu'au jour où j'aurai tenu la promesse que je vous fais aujourd'hui. »

Osmany s'inclina.

« Je n'ai plus qu'une grâce à demander à Votre Altesse.

— Parlez !

— C'est de garder le plus profond silence sur notre rencontre.

— Foi de gentilhomme, je me tairai ; vous entendez, Delton ? » fit le prince qui se tourna vers le colonel, témoin muet et étonné de cette scène.

Le colonel inclina la tête en signe d'adhésion.

« Et maintenant, monseigneur, ajouta Osmany, Votre Altesse désire-t-elle rentrer à Saint-James?

— Oui, certes! » répondit le prince.

Osmany frappa sur un timbre; au bruit, une porte s'ouvrit et un homme entra : c'était un géant. Osmany le désigna au prince :

« Voilà, dit-il, un homme qui me représente dans les rues de Londres; avec lui Votre Altesse peut aller partout. »

Le prince de Galles, en rentrant au palais de Saint-James, poussa un cri d'étonnement en trouvant une liasse de papiers sur le guéridon de sa chambre à coucher. Il ne s'était pourtant point arrêté en route, et était venu directement de chez Osmany au palais de Saint-James. Cependant, la liasse de papiers y était arrivée avant lui : c'étaient les mémoires de ses fournisseurs et toutes ses créances acquittés.

« Cet homme est donc sorcier ? » se demanda-t-il.

Le prince se mit au lit et ne dormit pas de la nuit; jusqu'au matin, il se posa cette question et ne put la résoudre :

« Qu'attend-il de moi, cet homme qui vient de me faire un cadeau de six mille livres ? »

Quand le jour vint, il prit une plume et écrivit ces lignes :

Le prince de Galles au nabab Osmany.

« Monsieur,

« Vous m'avez débarrassé de mes créanciers, mais je n'en reste pas moins votre débiteur ; et prenez ce dernier mot dans sa plus large acception. »

Puis il manda Delton auprès de lui et lui commanda de porter ce billet dans cette petite maison où ils avaient pénétré la veille sur les pas d'Osmany; en même temps il tira une bague de son doigt, une chevalière sur le chaton de laquelle étaient gravées les armes de la maison de Nassau.

« Tu lui remettras ceci en souvenir de moi, » dit-il.

Delton partit; mais il revint au bout d'une heure, rapportant la bague et la ettre :

« Votre Altesse est-elle bien sûre de n'avoir point rêvé cette nuit?

— Et toi ? fit le prince.

— Moi, je n'en suis pas bien certain.

— Comment cela ?

— J'ai vainement cherché la rue, la maison et le nabab, tout cela a disparu.

— Un homme disparaît, répondit le prince, mais... une rue.

— Du moins, acheva Delton, je n'ai pu la reconnaître.

— Je la retrouverai bien, moi ! » dit le prince.

Et il sortit donnant le bras à Delton, en plein jour, en plein soleil, ce qui ne lui était pas arrivé depuis bien longtemps. Mais le prince eut beau errer dans Londres, vainement il parcourut toutes les rues du quartier où les avait conduits Osmany; pas plus que Delton, il ne put retrouver la maison de son mystérieux sauveur.

« Vous le voyez bien, monseigneur, dit Delton en riant, nous avons rêvé.

— Je voudrais le croire, répondit le prince de Galles, mais cela m'est impossible, attendu que j'ai déjà rencontré aujourd'hui une douzaine de mes créanciers; les drôles m'ont salué avec respect: donc ils sont payés. »

Delton s'inclina devant cet argument sans réplique.

Le prince rentra à Saint-James; sa curiosité fut tenue quelques jours en éveil, puis elle s'apaisa; il reprit sa vie de plaisir et de dissipation, et, huit jours après, il avait à peu près oublié Osmany.

Huit autres jours s'écoulèrent encore. Un soir, le roi George III fit appeler son fils, et lui dit :

« Il paraît, monsieur, que mes sages conseils ont fini par vous convertir. »

Le prince salua.

« Que veut dire Votre Majesté ? fit-il.

— J'apprends que vous avez payé vos dettes.

— Oui, sire. »

Le roi, qui depuis longtemps boudait son héritier présomptif, lui tendit la main :

« S'il en est ainsi, dit-il, je vous rends mon amitié.

— Ah! sire...

— Et j'augmente votre pension de quatre mille livres par an. »

Le prince fit un nouveau salut et se demanda si le sorcier Osmany n'aurait pas ensorcelé le roi George. Ce dernier reprit :

« Puisque vous êtes devenu raisonnable, je vous permets de reparaître au conseil privé d'où je vous avais exclu.

— Votre Majesté me comble de joie, répondit le prince, car elle me permet ainsi de reconnaître ses bontés en me laissant m'occuper des affaires du royaume.

— Tiens, fit le roi, à propos d'affaires, en voici une. Vous connaissez ce baronnet excentrique appelé sir Robert Walden et qui siége au parlement.

— Oui, sire.

— Lisez, » dit le roi.

Et il remit au prince de Galles un placet qu'il venait de recevoir et qui était signé de sir Robert Walden.

Le prince lut :

« Sire,

« Je supplie Votre Majesté de m'accorder une audience en présence de S. A. le prince de Galles et de deux de vos meilleurs gentilshommes. J'ai à entretenir

Votre Majesté de faits d'une haute gravité et qui touchent à l'honneur de la noblesse tout entière. »

« Que peut-il avoir à nous dire ? » fit le roi quand le prince eut pris connaissance du placet.

Le prince répondit :

« Sir Robert Walden est le gentilhomme le plus original des trois royaumes, et je le crois beaucoup moins occupé de politique qu'il ne l'est de chasse au tigre ou de voyages dans le nouveau monde. Cependant, puisque Votre Majesté s'est fait une loi de ne jamais refuser une audience...

— Ecrivez-lui, prince, dit le roi, et dites-lui que nous le recevrons demain à neuf heures du soir, dans notre cabinet, en présence de deux gentilhommes attachés à notre personne. »

Le prince prit une plume et écrivit :

« Le roi George III daignera recevoir sir Robert Walden demain vendredi, à neuf heures du soir. Sir Robert entrera par les petits appartements.

« GEORGE, prince de Galles. »

Cette lettre écrite, le prince causa quelques instants encore avec le roi qui l'invita à dîner. Alors il reprit le chemin de ses appartements particuliers, l'étiquette de la cour exigeant qu'il ne s'assît à la table royale qu'en grand uniforme de général de cavalerie.

Tandis que ses valets de chambre le parfumaient et lui apportaient un bain, le prince aperçut un billet cacheté sur une table. Il le prit et l'ouvrit :

« Le prince de Galles est prié, disait-on, de passer dans son cabinet de travail lorsqu'il aura terminé sa toilette. »

Le prince jeta le billet au feu, acheva de s'habiller, passa dans son cabinet de travail et jeta un cri d'étonnement. Le nabab Osmany était tranquillement assis au coin de la cheminée.

CHAPITRE TRENTE-TROISIEME

XXXIII

Le lendemain, vendredi, un peu avant sept heures, la voiture du baronnet sir Robert Walden s'arrêta devant la maison qu'habitait mistress Celia. La mère de Lionel n'avait point encore repris son titre de marquise d'Asburthon. Le baronnet était en habit de cour, et une petite épée à gaîne de chagrin et à poignée enrichie de diamants lui battait les mollets. Les valets de mistress Celia saluèrent le baronnet avec une nuance d'étonnement, car il y avait fort longtemps déjà que sir Robert Walden n'avait mis les pieds chez elle.

« Comment va Lionel? demanda sir Robert Walden.

— Un peu mieux, répondit un vieux serviteur, mais notre jeune maître a été bien malade, Votre Honneur.

— Je le sais.

— Il a été fou pendant plusieurs jours et parlait de se tuer.

— Pauvre Lionel! » murmura sir Robert Walden en faisant passer son nom à mistress Celia.

Lady Cecily était assise au chevet de son fils. Lionel dormait; sa belle tête, pâlie et amaigrie, reposait sur l'oreiller, inclinée vers l'épaule; et sa mère, penchée sur lui, semblait s'enivrer de son souffle devenu calme et régulier.

« Chut! fit-elle tout bas en posant un doigt sur ses lèvres et tendant son autre main au baronnet; voici la première fois qu'il dort ainsi...

— Il a donc été bien malade, mon Dieu ! fit sir Robert Walden frappé de la pâleur et de l'amaigrissement de Lionel.

— Ah ! mon ami, répondit lady Cecily, jai cru qu'il en mourrait... si vous saviez comme il aimait miss Ellen...

— Je le sais, milady.

— Savez-vous bien, reprit la pauvre mère, qu'il a eu le délire pendant trois semaines ?

— Pauvre enfant !

— Il voulait revoir cette femme... il voulait la revoir à tout prix... Un jour Roger, qui vient ici matin et soir, est arrivé à temps pour l'empêcher de se précipiter par la croisée et se briser la tête sur le pavé de la rue. »

Au nom de Roger, sir Robert Walden fronça le sourcil.

« Madame, dit-il tout bas, je viens vous parler justement du marquis Roger.

— De mon fils ?

— Du marquis Roger, répéta sir Robert Walden.

— Eh bien! dit lady Cecily inquiète, je vous écoute..

— Non, pas ici. Lionel dort ; passons, je vous en prie, dans une pièce voisine. Ce que j'ai à vous dire est de la plus haute importance. »

Lady Cecily se leva et indiqua à sir Robert Walden un petit boudoir attenant à la chambre où dormait Lionel.

« Parlez, dit-elle.

— Je n'ai pas eu l'honneur de vous revoir, milady, reprit sir Robert Walden depuis que vous êtes allée à l'hôtel d'Asburthon.

— Ah ! c'est juste, dit lady Cecily. Mais vous avez appris...

— J'ai appris que le marquis Roger voulait reconnaître publiquement Lionel pour son frère puîné et partager avec lui sa fortune.

— Oh! dit lady Cecily, comment douter encore en présence de tant de noblesse?

— Hélas! madame, répondit sir Robert Walden, le doute n'est plus permis.

— Oh! c'est bien mon fils, n'est-ce pas?

— Ce n'est pas votre fils, répliqua sir Robert avec un calme effrayant. J'ai maintenant une preuve irrécusable. »

L'accent de sir Robert Walden avait une telle autorité que lady Cecily courba la tête.

« Mon Dieu ! dit-elle, mais si vous saviez comme il est noble et bon, si vous saviez comme il m'aime !.. comme il aime Lionel !..

— Il veut rester marquis, dit le baronnet avec le calme du scepticisme.

— Mais enfin, s'écria lady Cecily, vous dites que ce n'est pas mon fils, et vous prétendez avoir une preuve ?

— Oui, madame.

— Quelle est-elle ?

— J'ai trouvé un ancien domestique du feu lord le marquis d'Asburthon, un nègre qui berçait le petit Roger, votre vrai fils.

— Et... cet homme...

— Cet homme affirme que le malheureux enfant fut trouvé un soir, le soir du jour où je tuai l'infâme sir Jack, mort dans son berceau d'où s'échappa un reptile bien connu dans l'Inde, la vipère noire.

— Et l'enfant était réellement mort, demanda lady Cecily d'une voix tremblante.

— Oui, madame.

— O mon Dieu ! cet homme ment peut-être.

— Il dit vrai. »

Sir Robert Walden s'exprimait avec un tel accent de conviction que lady Cecily ne put retenir ses larmes.

« Mais enfin, dit-elle, si Roger n'est pas... mon fils...

— Il ne l'est pas.

— Que comptez-vous faire ?

— Je compte demander au roi que le marquis Lionel d'Asburthon reprenne sa place.

— Et Roger que deviendra-t-il ?

— Ce que deviennent ceux de sa race. Il ira chercher fortune loin de l'Angleterre.

— Oh! non, jamais! s'écria lady Cecily, car s'il n'est pas mon fils, je l'aime déjà comme tel. Ah! vous ne savez pas tout, je le vois, puisque vous vous montrez aussi impitoyable... vous ne savez pas qu'il allait tuer Lionel et qu'à ma voix, il a jeté son épée. Est-ce qu'une mère oublie cela, mon Dieu!

— Madame, répondit gravement sir Robert, prenez garde ! vous allez faire tort à votre fils de sa fortune et de son titre.

— Lionel ne consentira jamais à dépouiller celui qu'il appelle son frère.

— Mais puisque cet homme est un imposteur.

— Qu'importe ! répondit lady Cecily, n'est-ce point toujours le fils de lord Asburthon. »

Sir Robert Walden regarda douloureusement lady Cecily :

« Il n'y aura donc que moi, murmura-t-il, qui aurai le courage d'écouter la loi du devoir. »

Et il se leva :

« Adieu, madame, dit-il. Je vois bien que je dois agir seul.

— Mon Dieu ! que voulez-vous donc faire ?

— Mon devoir, répondit sir Robert Walden, comme je l'ai toujours fait, même en imposant silence à mon cœur. »

Et il salua lady Cecily interdite et se retira, sans que la pauvre femme brisée d'émotion eût la force de la retenir.

. . . . , ...

Le baronnet remonta en voiture ; mais

il ne se fit point conduire tout d'abord au palais de Saint-James. Il se rendit à Oxford street et fit arrêter son équipage à quelques pas d'une boutique de pâtissier dans laquelle il pénétra après avoir dissimulé le plus possible les broderies de son habit de cour sous les vastes plis de son manteau.

La boutique avait pour enseigne : *au Nègre !*

L'enseigne était justifiée par la présence, au comptoir, d'un magnifique noir, dont la tête était couverte d'une forêt de cheveux blancs. Cet homme pouvait avoir soixante ans. C'était l'un des deux nègres qui s'étaient autrefois penchés sur le parapet de la terrasse pour admirer les tours du jongleur indien, abandonnant ainsi, un moment, le hamac où dormait le petit marquis Roger.

Sir Robert Walden s'accouda sur le comptoir et lui dit :

« Est-tu prêt ?

— Oui, Votre Honneur.

— Répéteras-tu textuellement ton récit devant le roi.

— Oui, Votre Honneur.

— Ainsi tu es bien certain que le véritable marquis est mort ?

— Aussi sûr que de mon existence.

— Comment se sont accomplis les événements dont tu parles ?

— Voici, dit le nègre. Antonio et moi, nous éventâmes le berceau jusqu'au soir. Puis, quand la nuit fut venue, nous le rentrâmes dans l'appartement. Je soulevai les rideaux de mousseline blanche qui le couvraient et, voyant l'enfant immobile, je supposai qu'il dormait. Nous enveloppâmes le berceau d'un moustiquaire, Antonio alla se coucher, et je demeurai seul auprès de l'enfant. Le sommeil ne tarda point à me gagner. Depuis quand étais-je endormi ? C'est ce qu'il m'est impossible de préciser. Mais je fus réveillé brusquement par une vive clarté. En même temps j'entendis un cri ; et, ouvrant les yeux, j'aperçus le marquis d'Asburthon et son médecin, le docteur Bolton. Le marquis s'était penché sur le berceau et jetait un cri. L'enfant était froid. Le docteur Bolton le prit dans ses bras et l'emporta dans la pièce voisine.

« Il est mort, » dit-il.

Ce mot arriva jusqu'à mon oreille. Glacé de terreur, je feignais de dormir. Dix minutes après, le docteur revint et me secoua.

« Viens avec moi, me dit-il.

Je me levai, nous montâmes à cheval et nous sortîmes de Calcutta. Quand nous eûmes atteint les jungles, le docteur se tourna brusquement sur sa selle, se tourna vers moi, et, armant un pistolet, il me dit :

« J'ai l'ordre de te tuer. Cependant il me répugne de tuer un innocent. Veux-tu vivre ? »

J'étais descendu de cheval et je m'étais mis à genoux :

« Tiens, me dit le docteur, voici une bourse. Va-t'en à Singapour, et ne reparais jamais à Calcutta. »

Sir Robert Walden avait écouté le récit du nègre :

« Tu vas répéter cela au roi, n'est-ce pas ? dit-il.

— Oui, Votre Honneur.

— Es-tu chrétien ?

— Oui.

— Jureras-tu sur le salut de ton âme que le marquis Roger est mort ?

— Oui, Votre Honneur.

— Viens avec moi, » dit sir Robert Walden.

Le nègre quitta sa veste de pâtissier, endossa un vêtement convenable et suivit sir

Robert Walden qui le fit monter à côté du cocher, auquel il dit :

« Au palais de Saint-James. »

Une demi-heure après, sir Robert Walden entrait au palais. Bien qu'il fût près de neuf heures du soir, une certaine agitation régnait dans la demeure royale.

Les officiers allaient et venaient, les valets se croisaient. Chaque visage avait un air de consternation. Le baronnet, un peu étonné, gagna les petits appartements. Un garde écossais était à la porte :

« On n'entre pas ! dit il.

— Pardon, répondit sir Robert Walden, j'ai une lettre d'audience.

— De qui ?

— Du roi. »

Le factionnaire répondit :

« Votre Honneur ne sait pas probablement ce qui s'est passé.

— Quoi donc ? demanda le baronnet.

— Le roi a été pris d'un accès de folie, et c'est le prince de Galles qui est régent du royaume. »

Comme le factionnaire faisait cette réponse à sir Robert Walden stupéfait, un officier s'approcha :

« Etes-vous sir Robert Walden? demanda-t-il au baronnet.

— Oui.

— Alors, venez... Le prince de Galles va vous donner audience. »

Sir Robert Walden hésita.

« Venez, insista l'officier, Son Altesse Royale a formellement donné l'ordre de vous introduire. »

Sir Robert Walden fronça le sourcil, mais il suivit l'officier.

CHAPITRE TRENTE-QUATRIEME

XXXIV

Sir Robert Walden éprouva une impression pénible, en apprenant qu'il allait se trouver en présence du prince de Galles et non du roi. Il eût volontiers rebroussé chemin, mais il n'était plus temps, et l'officier de service l'avait pris par la main. Le prince attendait le baronnet dans son cabinet. Il avait revêtu son grand uniforme de général. Deux dragons placés en sentinelle à la porte attendaient ses ordres.

Sir Robert Walden fit signe au nègre de demeurer dans l'antichambre, et il entra seul chez le prince. Celui-ci l'accueillit avec un sourire bienveillant.

« Milord, lui dit-il, vous aviez demandé au roi la faveur d'une audience. Le roi est malade et m'a chargé de vous recevoir. En outre, vous avez manifesté le désir d'être entendu en présence de deux gentilshommes. J'ai choisi les meilleurs de notre cour. »

Le prince frappa sur un timbre. Le colonel Delton entra.

« Voici d'abord, dit le prince, lord Archibald Delton, comte d'Epsom, mon aide de camp. Un de ses ancêtres fut tué à côté de Guillaume, le roi Conquérant. »

Sir Robert Walden s'inclina et salua Delton. Le prince frappa un second coup.

« Voici, maintenant, dit-il, un gentilhomme d'aussi bonne origine et dont vous ne contesterez, certes, ni la bravoure ni le mérite. »

Comme le prince parlait ainsi, une porte

s'ouvrit et le marquis Roger d'Asburthon, en grand uniforme de colonel de dragons du roi, se montra sur le seuil.

Sir Robert Walden recula comme si un abîme se fut entr'ouvert sous ses pas. Roger le salua et vint se placer à la droite du prince de Galles.

« Parlez, milord, dit le prince. Nous vous écoutons.

— Monseigneur, dit alors le baronnet qui fit un violent effort pour demeurer calme, depuis vingt ans environ, il est une race qui s'est introduite en Angleterre et qui menace d'envahir tous les emplois, de prendre d'assaut toutes les positions.

— Expliquez-vous plus clairement, milord, et dites-nous quels sont ces hommes.

— Les bohémiens, monseigneur.

— Je croyais, répondit le prince en riant, que les bohémiens se contentaient de faire des tours dans les rues, de danser sur la corde, de remettre les entorses et de dire la bonne aventure.

— Non pas, monseigneur. Il en est un qui est un des grands bijoutiers de Londres.

— Bon ! dit le prince.

— Un autre est banquier.

— Après.

— Un troisième est juge dans son district.

— Jusque-là, dit le prince, je ne vois pas où est le mal.

— Un autre, enfin, dit sir Robert Walden, siége au parlement.

— Oh ! par exemple, dit le prince, ceci est trop fort. Perdriez-vous l'esprit, milord ?

— Je dis vrai, monseigneur.

— Eh bien ! je serais curieux de vous voir prouver votre dire, milord.

— C'est facile, monseigneur.

— Ainsi, selon vous, un bohémien siége au parlement ? »

Sir Robert fit un signe de tête affirmatif. Le prince croisa les bras. Delton et Roger demeurèrent impassibles.

« Monsieur, dit le prince de Galles, nul ne siége à la chambre haute, s'il n'est lord.

— Votre Altesse a raison, dit sir Robert Walden, mais il peut se faire qu'un imposteur ait pris le nom d'un lord.

— Ceci serait grave, monsieur.

— Le bâtard d'un lord peut avoir été substitué à son fils légitime.

— Ah! ah!

— Et ce bâtard peut-être le fils d'une bohémienne.

— Monsieur, dit froidement le prince, je vous jure que si vous me prouvez cela, je chasserai tous les bohémiens du royaume.

— C'était ce que je venais demander à Votre Altesse.

— Mais, d'abord, il faut me montrer ce lord de mauvais aloi, et ensuite me prouver cette substitution d'enfant.

— Monseigneur, dit sir Robert Walden

d'une voix grave et convaincue, ce lord de mauvais aloi, ce bâtard substitué au fils légitime, se nomme Roger d'Asbarthon, et le voilà ! »

En parlant ainsi, le courageux baronnet étendit la main vers Roger. Le colonel des dragons du roi ne sourcilla point.

« Monseigneur, dit-il, je crois comme Votre Altesse, que sir Robert Walden a perdu l'esprit. Cependant, s'il peut prouver ce qu'il avance, et si je suis reconnu bohémien, je consens à être chassé du royaume.

— Milord, répondit le prince en s'adressant à Roger, sir Robert Walden aura entendu parler de cette bohémienne appelée Cinthia, et qui, devenue folle à la suite de l'émotion qu'elle éprouva le jour de la rentrée des dragons à Londres, répète depuis qu'elle est votre mère.

— Cette femme dit vrai, affirma sir Robert Walden.

— Prouvez-le ! dit Roger.

— Monseigneur, reprit sir Robert Walden que le calme de Roger ne déconcerta point, voulez-vous me permettre de faire entendre à Votre Majesté la déposition d'un homme qui était au service de lord Asburthon, dans l'Inde, et qui vous affirmera que le vrai Roger, le fils légitime, est mort au berceau.

— Où est cet homme?

— Dans l'antichambre de Votre Altesse! »

Le prince donna l'ordre d'introduire le nègre; mais, au moment où il entrait, une portière qui lui faisait face s'écarta un moment, et un homme vêtu de l'uniforme des dragons du roi, se montra, et, regardant le nègre, mit un doigt sur ses lèvres. Le nègre tressaillit et sa peau noire blanchit l'espace d'une minute. Puis la portière, entr'ouverte, se referma. Le prince regarda cet homme qui venait attester qu'un pair d'Angleterre mentait aux trois royaumes et n'était qu'un bohémien.

« Comment vous appelez-vous ? demanda le prince.

— Iago, répondit le nègre.

— Vous avez été au service de lord Asburthon ?

— Oui, monseigneur.

— Lord Asburthon avait un fils ?

— Oui, monseigneur.

— Et ce fils est mort ?

— Je ne sais pas, » dit le nègre.

Sir Robert Walden fit un pas à cette réponse inattendue.

« Mais, misérable ! s'écria-t-il, ne m'as-tu pas dit...

— J'ai dit à Votre Honneur, dit lentement le nègre, que le fils de lord Asburthon ayant été mordu par une vipère était tombé malade.

— Tu m'as dit qu'il était mort !

— Pardon, Votre Honneur ; s'il est mort, je n'en sais rien, ayant été congédié le jour même. »

Sir Robert poussa un cri, devint livide et posa ses deux mains sur son front.

« Allons ! dit le prince de Galles en souriant, rassurez-vous, monsieur le marquis Roger d'Asburthon, j'ai maintenant la preuve que sir Robert Walden est fou. »

. . . .

Quant au nègre, il s'en alla, murmurant :

« Je viens de mentir, mais l'homme qui m'a fait signe de me taire m'a arraché, il y a quinze ans, des mains des étrangleurs de l'Inde, et je devais lui obéir ! »

CHAPITRE TRENTE-CINQUIEME

XXXV

Quinze jours après, nous eussions retrouvé le marquis Roger d'Asburthon dans son lit, malade, presque mourant. La veille au soir, au club des *Beaux,* le beau colonel des dragons du roi avait été pris d'un étourdissement subit, à la suite d'une partie de pharaon. Le nabab Osmany, qui était son partner, n'avait eu que le temps d'appeler au secours et de le soutenir dans ses bras. On avait transporté le marquis chez lui et on avait, en toute hâte, envoyé chercher le docteur Bolton. Comme depuis huit jours le parlement avait, à la sollicitation du prince de Galles, reconnut Lionel pour frère puîné du marquis et autorisé ce dernier à partager sa fortune avec lui, lady Cecily avait repris son rang et s'était installée, avec son second fils, à l'hôtel d'Asburthon. Le docteur Bolton, accouru sur-le-champ, avait déclaré que le marquis était atteint d'une fièvre nerveuse, dont le principe se gagne dans les Indes, et, tout en ne désespérant pas de le sauver, il n'avait pu dissimuler à lady Cecily et à Lionel, la gravité de la situation. Tout Londres était ému de cet événement ; car les récentes aventures du marquis Roger avaient achevé de le mettre à la mode. On avait raconté partout le nouveau jugement de Salomon, et la prétention de sir Robert Walden, à faire passer le marquis d'Asburthon pour un bohémien, avait paru si ridicule, que les trois royaumes avaient retenti d'un immense éclat de rire. Le pauvre baronnet avait dû se réfugier dnas une de ses terres et y chercher le silence et la solitude.

Or donc, ce soir-là le marquis sommeillait. Son mal consistait depuis la veille, en une sorte de somnolence à peine interrompue par un rare éclair de raison et un morne regard. Le docteur Bolton, lady Cecily et Lionel se tenaient au chevet du malade. Un moment Roger ouvrit les yeux et les tourna vers eux. Lady Cecily se précipita vers lui et prit sa main.

« Mon enfant, dit-elle, mon cher enfant, reviens à toi... ne me reconnais-tu pas ?

— Et moi, dit Lionel qui mit un baiser sur le front pâle de Roger, ne suis-je pas ton frère ? »

Roger sembla retrouver sa présence d'esprit ; son œil brilla, ses lèvres s'entr'ouvrirent ; mais sa tête s'inclina aussitôt sur son oreiller, et il retomba dans cette horrible somnolence qui semblait être l'avant-coureur de la mort.

« O mon Dieu ! mon Dieu ! murmura lady Cecily, sauvez-le !

— Mon frère ! » disait en même temps Lionel qui secouait la main du moribond, et versait des larmes de désespoir.

Bolton les regardait, grave et recueilli.

« Madame, dit-il enfin à voix basse à lady Cecily, le marquis Roger est bien malade.

— Mais vous le sauverez, n'est ce pas ?

— Hélas ! je n'ose plus l'affirmer. »

Lady Cecily sanglotait.

« Ecoutez, reprit Bolton, à cette heure solennelle, je vous dois la vérité tout entière, madame.

— Mon Dieu! qu'allez-vous m'apprendre?

— Le marquis Roger d'Asburthon n'est point votre fils, » dit brusquement Bolton.

Il s'attendait à un cri, à une exclamation. Lady Cecily se contenta de lever les yeux au ciel et de répondre :

« Je le sais; mais je l'aime comme s'il était de mon sang, car il est noble et bon. »

Et elle se mit à genoux et murmura avec la ferveur d'une sainte :

« O mon Dieu ! prenez ma vie, mais

sauvez celle de ce brave et noble enfant, qui a eu pour moi la tendresse et le respect d'un fils. »

Lionel s'était agenouillé auprès de sa mère et disait :

« Frère, je ne sais pas si le même flanc nous a portés ; je ne sais pas si je suis le fils légitime et toi le bâtard ; mais, ce que je sais bien, c'est que nous avons un père commun, que tu es plus beau, plus brave, plus noble que moi, plus digne, enfin, d'être le chef de notre race.

— Ainsi, dit Bolton prenant le bras du

jeune homme, si Roger vit, vous vous résignerez, vous le vrai marquis, à n'être que le capitaine Lionel, le cadet d'Asburthon ?

— Ah ! s'écria Lionel, sauvez-le, docteur, et je vous jure que jamais une parole qui puisse lui faire supposer que je sais la vérité, ne sortira de mes lèvres.

— Sauvez-le ! reprit lady Cecily avec angoisse, et je serai sa mère ! »

A ces derniers mots, le moribond entr'ouvrit de nouveau les yeux, et ses mains se tendirent vers lady Cecily, qui s'en empara et les couvrit de baisers.

« Ecoutez, fit Bolton d'une voix émue, tandis que Roger retombait dans sa prostration, je vais faire un dernier, un suprême effort pour le sauver. Laissez-moi seul avec lui, car j'ai besoin de toute ma présence d'esprit, de tout mon courage. »

Et il s'exprimait avec l'accent d'autorité que donne la science, et leur montrait la porte d'une pièce voisine. Lady Cecily vint poser ses lèvres fiévreuses sur le front pâle de Roger et jeta à Bolton un regard affectueux.

« Si vous le sauvez, dit-elle, je prierai Dieu nuit et jour pour vous, docteur.

— Et, moi, dit Lionel, je vous renouvelle le serment, docteur, d'être toujours le frère soumis et respectueux du fils aîné de mon père. »

Puis tous deux sortirent lentement le visage baigné de pleurs. Alors Bolton alla fermer la porte avec la précaution et la défiance d'un voleur qui ne veut pas être dérangé. Puis il revint vers le lit. Le marquis s'était dressé sur son séant ; il avait ouvert les yeux et son regard avait retrouvé toute sa limpidité, toute son intelligence.

« Eh bien ! lui dit Bolton, avez-vous entendu.

— Oui, dit Roger ; et je vois maintenant qu'ils sont dignes tous deux de mon sacrifice. »

Son regard se porta sur l'écusson de la vieille maison d'Asburthon, qui surmontait la cheminée ; puis, de l'écusson, il alla aux portraits de famille qui couvraient les murs. Alors, s'adressant à ces toiles muettes, Roger dit :

« Pardonnez au pauvre bâtard, au fils de la bohémienne, d'avoir un moment occupé la place du maître légitime, d'avoir habité cette demeure qui n'était pas la mienne, d'avoir porté le titre et le nom que vous aviez transmis à mon père. Aux âges héroïques, souvent les bâtards des grandes races ont sauvé l'honneur en péril de leurs aïeux; souvent le fils de l'amour a pris en main la bannière du devoir et restauré l'écusson, dont les couleurs menaçaient de se ternir. Pardonnez-moi donc, ô vous les Asburthon des siècles éteints, ancêtres dont le nom ne m'appartiens pas, mais dont le sang coule dans mes veines. Je vais remettre en des mains légitimes la vieille épée de notre race, et cette fortune immense qui fut toujours si noblement employée. »

Roger parlait d'une voix émue mais ferme et Bolton pleurait.

« Mon vieil ami, lui dit il, maintenant, que j'ai fait mon devoir, donne ton breuvage, je le boirai sans trembler. »

Le docteur alla prendre, sur un guéridon, un gobelet d'argent dans lequel il versa le contenu d'une petite fiole qu'il tira de sa poche, et apporta le gobelet au jeune homme. Roger le prit; sa main ne trembla point, le sourire n'abandonna point son visage, son œil demeura calme et fier. Il approcha le gobelet de ses lèvres, et le vidant d'un trait :

« Voici la fin, dit-il ; Dieu protège le marquis Lionel d'Asburthon ! »

Puis il retomba brusquement sur son oreiller, les yeux fermés, le visage d'une pâleur livide, les mains glacées. Bolton alla ouvrir la porte de la chambre où Lionel et sa mère attendaient, anxieux, et leur dit d'une voix brisée :

« Dieu sans doute avait de secrets desseins. Capitaine Lionel, vous êtes désormais marquis d'Asburthon, et vous siégerez à la chambre des lords. »

CHAPITRE TRENTE-SIXIEME

XXXVI

A quarante-huit heures de distance, de nombreux équipages aux chevaux caparaçonnés de noir encombraient les abords du vieil hôtel d'Asburthon. La noblesse d'Angleterre pleurait le plus jeune, le plus noble, le plus héroïque de ses pairs : le colonel des dragons du roi, le héros du fort Saint-George, Roger, marquis d'Asburthon, était mort. Exposé depuis la veille sur un lit de parade, dans la salle d'honneur de son hôtel convertie en chapelle ardente, le cadavre du jeune marquis avait été visité par tous les grands personnages du royaume.

On avait emmené lady Cecily hors de l'hôtel, dans une ville voisine de Londres, pour l'arracher aux poignantes émotions des funérailles. Un prêtre veillait au chevet du mort ; deux hommes se trouvaient près de lui : Lionel, accablé d'un morne désespoir, et le nabab Osmany, délégué du club des *Beaux* qui avait cru devoir rendre ce suprême et dernier honneur à celui de ses membres qui était depuis six mois le lion des trois royaumes.

Pendant toute la journée, la chapelle ardente avait été visitée par l'aristocratie anglaise; le prince de Galles lui-même était venu en grande pompe, avec les officiers de sa maison, et on l'avait entendu dire en sortant, avec une émotion profonde :

« Le roi perd un vaillant soldat, la noblesse un digne gentilhomme, et moi je perds un ami ! »

Une larme du prince avait servi de péroraison à cette éloquente et simple oraison funèbre. Derrière le carrosse du prince les portes de l'hôtel d'Asburthon s'étaient refermées. Son Altesse Royale avait été le dernier visiteur admis. L'exposition solennelle était finie, l'heure de la prière silencieuse venait enfin.

« Monsieur le marquis, dit alors le nabab à Lionel, il faut vous retirer.

— Abandonner le corps de mon frère ! s'écria le jeune homme, oh ! jamais...

— Il le faut, dit Osmany ; l'heure de la mise au cercueil approche, et l'usage anglais ne permet pas que les proches parents assistent à cette douloureuse cérémonie. »

Lionel se jeta sur le corps de son frère et le retint longtemps embrassé. Mais Osmany l'arracha à cette étreinte et le conduisit vers la porte.

« Partez ! » répéta-t-il.

Lionel sortit, étouffant ses sanglots.

Osmany revint vers le prêtre et lui fit un signe. Le prêtre s'en alla sans mot dire, et Osmany demeura seul, grave et recueilli, contemplant Roger.

« J'avais pourtant rêvé pour toi, noble enfant, murmura-t-il, de grandes destinées !.. »

Et comme Osmany prononçait ces mots à voix basse, une porte s'ouvrit et le docteur Bolton entra. Derrière lui marchaient deux hommes qui portaient un cercueil sur leurs épaules : l'un était Samson, l'autre

Rhunô, le fossoyeur du cimetière Saint-Gilles.

Osmany mit un doigt sur ses lèvres, pour recommander à Bolton de parler bas.

« Tout est-il prêt ? demanda-t-il.

— Tout, répondit Bolton ; les funérailles auront lieu à la tombée de la nuit ; le cercueil sera descendu dans le caveau de famille, et les gardiens du cimetière sont tous à nous.

— Êtes-vous sûr de l'effet de la liqueur que vous avez préparée ?

— Oui, répondit le docteur ; mais il n'y a que moi qui puisse l'employer.

— De telle sorte, dit Osmany que si vous mouriez ce soir...

— Le marquis Roger serait bien mort jusqu'à l'heure de la résurrection éternelle dans la vallée de Josaphat. »

Osmany frissonna.

« Mais soyez tranquille, dit Bolton, je ne mourrai pas d'ici à minuit, et les portes du tombeau fermées sur le marquis Roger d'Asburthon, se rouvriront dans les ténèbres devant Amri, le roi des bohémiens.

— Allons! soupira Osmany, faites votre œuvre, en ce cas. Souvenez-vous que vous avez répondu de lui sur votre tête.

— Oui, » dit Bolton.

Osmany quitta la chapelle ardente. Alors les deux bohémiens s'approchèrent du lit de parade. Le cercueil était en bois de cèdre garni de satin blanc, et un coussin sur lequel était brodé en argent l'écusson des Asburthon, était destiné à recevoir la tête du mort illustre. Les deux bohémiens prirent le corps avec respect, le soulevèrent avec des précautions infinies et le placèrent dans le cercueil que fermaient trois serrures.

« A présent, dit Bolton aux deux bohémiens, allez-vous-en et ne quittez pas le cimetière, souvenez-vous.

— Nous nous souviendrons, » répondit le fidèle Samson.

Bolton demeura seul dans la chambre mortuaire. Alors il tira de sa poche un petit flacon d'argent, et le considérant avec émotion :

« Quand on songe, murmura-t-il, que la vie d'un homme est là-dedans ; que si je venais à mourir... »

Il n'acheva pas, et une sueur glacée mouilla son front : un visage austère venait de se refléter dans une glace voisine.

Un homme était entré dans la chambre mortuaire. Par où ?... Bolton eût été bien embarrassé de le dire. Cet homme marcha droit au chirurgien et lui dit :

« Vous avez eu tort, docteur, de prendre aussi bien vos précautions, en éloignant les serviteurs et les parents du mort, et en vous séparant de votre ami Jean de France.

— Sir Robert Walden ! murmura Bolton qui devina un immense danger.

— Moi-même, répondit le baronnet avec un calme sinistre.

— Vous avez pris toutes vos précautions, poursuivit-il, mais vous avez oublié de fermer cette porte. »

Bolton avait posé la main sur la garde de son épée. Le baronnet tira lentement la sienne.

« Maintenant, reprit-il, il me faut ce flacon ou votre vie ; car je ne veux pas que le faux marquis Roger d'Asburthon ressuscite cette nuit. »

Et il marcha l'épée nue sur Bolton, qui n'eut que le temps de se mettre en garde. Ce fut alors une lutte acharnée, effroyable ;

lutte muette, silencieuse et ne rendant d'autre bruit que celui de deux respirations oppressées, et le froissement de deux lames d'où jaillissaient parfois des étincelles.

« S'il me tue, pensait Bolton, dont les cheveux se hérissaient, s'il me tue, Roger est bien mort. »

Et cette pensée terrible redoublait ses forces et son courage ; mais sir Robert Walden était un des plus redoutables tireurs des trois royaumes, et il avait juré de tuer Bolton et de briser le flacon.

Tout à coup Bolton jeta un cri, un cri

terrible, un cri de suprême désespoir. Son épée s'était brisée en deux tronçons, et celle de sir Robert Walden s'appuyait sur sa poitrine.

« Je ne suis pas un assassin, dit sir Robert Walden ; mais, aussi vrai que je suis gentilhomme, si vous ne me donnez pas ce flacon, j'use de mon droit : je vous tue !

— Oh ! une épée ! une épée ! hurla Bolton qui, bondissant en arrière, se fit un rempart d'un fauteuil et s'accula dans un coin comme une bête fauve. Mon Dieu ! ne ferez-vous pas un miracle, et permettrez-vous qu'il meure! »

Soudain la porte par laquelle le baronnet était entré s'ouvrit brusquement, et la bohémienne Topsy, haletante et les cheveux épars, s'élança dans la salle. Elle tenait une épée qu'elle tendit à Bolton en s'écriant :

« Et moi aussi, je ne véux pas qu'il meure! Lui qui m'a sauvée, lui qui a voulu que je fusse encore belle, lui que j'aime!... »

Bolton s'empara de l'épée et le combat recommença, plus terrible et plus acharné que jamais.

CHAPITRE TRENTE-SEPTIEME

XXXVII

Les funérailles de haut et puissant seigneur, marquis Roger d'Asburthon, membre de la chambre des lords, eurent lieu aux flambeaux, à huit heures du soir, dans le cimetière Saint-Gilles, où la noble race d'Asburthon avait son tombeau. Le cortége avait été imposant ; le cercueil, placé sur un char attelé de six chevaux caparaçonnés de noir, avait eu pour escorte toute la noblesse de Londres. Derrière le char funèbre, deux hommes marchaient tête nue : Lionel, le nouveau marquis d'Asburthon, et, à sa droite, le plus grand personnage de l'Angleterre après le roi, S. A. R. le prince de Galles, régent du royaume. Parmi les députés du club des *Beaux*, on voyait le nabab Osmany triste et recueilli. Enfin, le chirurgien Bolton suivait modestement à distance. Mais on eût cherché vainement, parmi les assistants, le baronnet sir Robert Walden.

On plaça le cercueil à l'entrée du caveau ; les prêtres récitèrent les dernières prières, puis chacun des assistants vint s'incliner devant le mort. Quand ce fut au tour de Bolton, il s'approcha et murmura à voix basse :

« Sir Robert Walden, Dieu fasse paix à votre âme. »

. . . .

Un homme masqué, enveloppé dans un grand manteau et caché derrière un cyprès, n'avait perdu aucun détail de la cérémonie funèbre. Cet homme vit passer tour à tour

Lionel qui sanglotait; Osmany, le front penché; et enfin S. A. R. le prince de Galles, auprès de qui marchait un jeune courtisan, le jeune duc de Sommerset.

« Est-ce que Votre Altesse, dit le jeune duc, a jamais ajouté foi à cette rumeur publique, qui faisait le marquis Roger d'Asburthon fils d'une bohémienne? »

Le prince de Galles répondit:

« Je ne sais pas si le noble marquis Roger d'Asburthon était bohémien; mais, ce que je sais bien, c'est que si les bohémiens avaient cette noblesse, cette beauté et ce courage, je les ferais tous nobles quand je serai roi ! »

« Allons ! fit l'homme masqué à mi-voix, voici une parole, monseigneur, qui portera bonheur au roi George IV ; et, dès ce jour, je dois tout mon sang à la libre Angleterre. »

. . . .

Quand l'homme masqué quitta sa retraite, le cimetière était désert. Mais, à la porte, deux cavaliers tenaient en main un de ces fougueux étalons arabes, qui ne peuvent être montés et domptés que par un cavalier dans les veines de qui ruisselle le généreux sang des fils du désert. Ce cheval était noir comme la nuit ; il avait au front une étoile blanche, signe de royauté. Les deux hommes mirent respectueusement pied à terre, présentèrent l'étalon à l'homme masqué et lui dirent :

« Roi, tes sujets attendent tes ordres. »

EPILOGUE.

La mer gronde au pied de la falaise. Sur la plage, des ombres mouvantes entourent un immense brasier. *Le Fowler*, armé en course et immobile sur ses ancres, découpe sa noire silhouette sur le ciel étoilé et la vague écumante. Dans une heure, il va emporter sous d'autres cieux les fils de Bohême, qui attendent sur la plage le signal du départ.

Au milieu de cette population aux costumes divers, indiquant des professions différentes, un homme vêtu d'un manteau rouge, coiffé de la toque écossaise, que surmonte une plume de faucon, l'oiseau royal, promène autour de lui un regard tranquille et fier, le regard du chef sous lequel se courbe toute volonté. C'est Amri, le roi des bohémiens. Jean de France et

Samson sont placés à ses côtés. Le roi fait un signe, et, à ce signe le silence s'établit, les enfants cessent leurs jeux, les femmes se taisent, et tous les yeux se portent avidement sur le jeune chef.

« Frères, dit-il, je vous ai tous convoqués ici, car l'heure du départ approche, et le navire que votre roi, muni de lettres de marque au nom du capitaine Black, va commander, lèvera l'ancre aussitôt que nous serons tous à bord.

« Frères, poursuivit le roi d'une voix vibrante et sonore qui domine les mugissements de la mer, frères, le Dieu que nous adorons et qui est le Dieu de tous, a placé chaque être dans sa sphère, il a assigné à chaque homme une demeure et une patrie, il a dit à l'aigle : tu planeras dans l'éther que fendra ton aile puissante et l'éther sera ton royaume. Il a dit à l'homme : tu bâtiras des cités et tu fonderas des empires ! Mais il a dit au bohémien : tu es le fils du désert, et le vent de la liberté soufflait si fort le jour de ta naissance qu'il renversa les piquets de ta tente et souleva une mer de sable sous laquelle disparurent au loin villes et villages. Je t'ai donné le regard de l'aigle et la vitesse du cheval arabe et le courage indomptable du lion. Pareil à la frégate, cet oiseau des mers qui fait une lieue d'un coup d'aile, je veux que tu sois le pèlerin éternel qui se promène calme et fier, d'un bout à l'autre de l'univers. Tu seras le fils du ciel, pour qui la terre est trop petite, ta patrie sera le monde, et cette patrie n'aura d'autres bornes que les horizons d'azur que je lui ai donnés. Laisse aux hommes ordinaires le soin de créer des cités et de tracer des frontières, et marche !

Tu t'appelles la force, tu t'appelles la vitesse, tu t'appelles la pensée libre et fécondante, marche donc toujours et sans cesse, et que les fils de Bohême soient les rois nomades de l'univers! »

Le peuple d'Amri le bohémien écoutait frémissant d'enthousiasme.

« Frères, dit encore le jeune roi, si parmi vous cependant il est quelqu'un qui regrette la vieille Angleterre, quelqu'un qui ait perdu le sentiment vagabond de notre race, qu'il se lève! je ne le forcerai pas à nous suivre... »

Mais nul ne bougea, et un cri, un seul cri unanime, immense, retentit :

« Vive Amri ! Vive notre roi !

— Eh bien, frères, dit Amri, partons alors ! »

Il prit une torche enflammée des mains de Samson, et la brandit un moment au-dessus de sa tête.

C'était le signal qu'on attendait avec impatience à bord du *Fowler*, car soudain le brick salua de dix coups de canon et mit ses embarcations à la mer.

Mais en ce moment aussi, on entendit

retentir dans l'éloignement le galop d'un cheval, un galop forcené, semblable à celui du cheval-fantôme, ce héros de l'indépendance américaine. Et quelques minutes après, une amazone apparut au milieu du cercle de la lumière décrit par le brasier. Elle sauta à bas de son cheval fumant, et dit :

« Moi aussi, je suis bohémienne, et je pars avec vous !

— Topsy, » s'écrièrent à la fois Jean de France, Samson et le jeune roi des bohémiens.

La zingara marcha droit à ce dernier et lui dit :

« Oui, je veux partir, et si on t'a parlé de l'épée que j'ai apportée à Bolton, tu ne me refuseras point la place à laquelle j'ai droit dans la tribu.

— Non, certes, dit Amri d'une voix qui courba sous la sienne toutes les volontés et éteignit tous les murmures. »

Mais, au même moment, une femme s'avança au milieu du cercle et dit :

« Et moi, je ne veux pas. »

C'était une jeune fille, encore pâle et

souffrante, mais dont l'œil jetait des éclairs et dont la fière attitude arracha un murmure d'admiration aux bohémiens. Elle avait un poignard à la main, ses cheveux noirs flottaient, épars sur ses épaules demi-nues. C'était bien la vraie gitana, la fille de l'Inde, la plante luxuriante de sève et poussée en pleine terre, au grand soleil.

« Amri, dit-elle, puisque tu es notre roi tu dois te montrer juste avant tout.

— Je le serai, dit Amri.

— Je me nomme Elspy, reprit la bohémienne, et cette femme que tu vois là est mon ennemie mortelle. Elle m'a traitreusement attaquée : j'ai encore à l'épaule le trou mal cicatrisé de sa balle. Je veux qu'elle soit chassée de la tribu, ou qu'elle se batte avec moi ! »

Miss Ellen fit un pas vers la bohémienne :

« J'accepte le combat, » dit-elle.

Jean de France étouffa un murmure.

« Je ne veux pas, moi, » balbutia-t-il.

Mais Amri lui imposa silence, et dit à Topsy :

« Si cette femme a à se plaindre de toi, elle a le droit de demander ton expulsion de la tribu, à moins que tu ne consentes à lui donner la satisfaction qu'elle exige. »

Topsy, elle aussi, avait un poignard qu'elle tira de sa ceinture.

— Oui, répéta-t-elle avec joie, oui, j'accepte le combat, mais à une condition. »

Et son œil jetait des flammes.

« Parle, dit Amri.

— C'est que ce sera un combat à mort,

sans trêve ni merci, et que personne de vous n'interviendra.

— Non, non, c'est impossible! s'écria Jean de France. Elspy est encore trop faible.

— C'est possible, si le roi le veut, » dit Samson.

Jean de France courba la tête et se tut. Amri regarda longtemps, et tour à tour ces deux femmes jeunes et belles toutes deux, toutes deux animées par la haine. Et tandis qu'il les contemplait, tous les bohémiens avaient les yeux sur lui et semblaient suspendre leur âme à ses lèvres. Enfin Amri prononça ces paroles :

« J'autorise le combat à mort entre Elspy et Topsy. »

Les deux femmes poussèrent un cri de joie.

« Amri, s'écria Jean de France haletant d'émotion.

— Allons donc! murmura Samson, vas-tu pas trembler maintenant ? C'est Elspy qui l'a provoquée. »

Jean de France se tut.

« Allez ! » dit Amri qui donna ainsi le signal du combat.

Telles deux lionnes rugissantes bondissant l'une vers l'autre sur le sable roux du désert, telles se précipitèrent les deux bohémiennes, le poignard à la main.

Chacune d'elles avait enroulé autour de son bras gauche un plaid à la façon des toréadors.

Elles ne s'enlacèrent point d'abord, comme on aurait pu le croire. Ainsi que des spadassins habiles, elles étudièrent leurs mouvements et leurs gestes, l'œil dans l'œil, le bras gauche en avant, le droit prêt à frapper.

« Je te hais, vois-tu, disait Elspy, parce que tu as voulu tuer mon bien-aimé, Jean de France.

— Moi, répondait miss Ellen, je ne te hais pas, je te méprise ! mais j'ai besoin de ton corps sanglant pour me faire un piédestal. »

Alors on entendit deux cris, deux cris rauques, deux cris de mort, et les deux ennemies acharnées ne formèrent plus qu'un groupe compact se tordant et s'agitant. Les lames se heurtèrent, les haleines se confondirent, les bras s'enlacèrent, et le groupe se coucha tout à coup sur le sol.

« Mon Dieu ! mon Dieu ! » s'écria Jean de France qui voulut s'élancer au secours d'Elspy, Mais une main de fer le retint.

— Non ! non ! dit la voix rude de Samson. tu ne peux pas intervenir, Jean, tu ne le peux pas, ce serait déloyal. »

Et le géant cloua Jean de France immobile, au bord du cercle, tandis qu'un immense cri d'angoisse et de terreur se faisait entendre parmi les bohémiens.

Miss Ellen venait de terrasser son ennemie, elle appuyait un genou sur sa poitrine, et, le bras levé, elle allait lui enfoncer son poignard dans le cœur. Les bohémiens étaient glacés d'effroi.

« Grâce! grâce! balbutia Jean de France qui étendit vers Amri ses mains suppliantes.

— Ah! dit Topsy, tu demandes grâce pour elle! Eh bien! voici mes conditions... »

Alors, son poignard toujours levé, et le

genou sur la poitrine oppressée de la zingara, Topsy regarda Amri, le roi de sa tribu.

« Écoute, dit-elle, toi qui est notre chef. J'ai été ambitieuse, j'ai été vindicative, mais nos lois défendent-elles l'ambition, défendent-elles la vengeance ? Si j'ai commis des fautes, ne les ai-je point réparées ?

— C'est vrai, dit Amri.

— J'ai le droit de frapper, si mon bras levé ne retombe pas, si je fais grâce à mon ennemie, que feras-tu pour moi.

— Je te ferai reine de la tribu, » dit Amri.

La zingara se leva triomphante et jeta son poignard. Amri la prit par la main, et dit :

« Inclinez-vous, voilà votre reine ! »

Elle chancela, tandis qu'il la soutenait dans ses bras : »

« Ah ! dit-elle d'une voix mourante, tu avais donc deviné que je t'aimais, depuis le jour où tu sauvas ma beauté. »

. . . .

Au point du jour, le *Fowler* glissait, toutes voiles dehors, au sommet des vagues, emportant les bohémiens et leur fortune.

FIN DU QUATRIÈME ET DERNIER VOLUME.

Wassy. — Imp. Mougin-Dallemagne.

EN VENTE :

LE ROI DES ROSSIGNOLS
par Alexandre DE LAVERGNE, auteur de : LA FAMILLE DE MARSAL, UN GENTILHOMME D'AUJOURD'HUI, etc.

LES CHEVALIERS DE L'AS DE PIQUE
par ALBERT BLANQUET, auteur de : les AMOURS DE D'ARTAGNAN, la BELLE FÉRONNIÈRE, le PARC AUX CERFS, etc.

CROCHETOUT LE CORSAIRE
Roman maritime, par Ernest CAPENDU, auteur de : l'HOMME ROUGE, MARCOF LE MALOUIN, etc.

LES TROIS HOMMES NOIRS
par LUC-CHARDALL, auteur de : la FERME AUX LOUPS, etc., etc.

L'OISEAU DU DÉSERT
par ÉLIE BERTHET, auteur de : le GENTILHOMME VERRIER, l'HOMME DES BOIS, le DOUANIER DE MER, les EMIGRANTS, etc.

LA DETTE DE SANG
par Mme la comt. DASH, aut. de : un CRIME MYSTÉRIEUX, le NAIN DU DIABLE, la SORCIÈRE DU ROI, la BELLE AUX YEUX D'OR, etc.

LES BOHÊMES DE PARIS
Roman populaire, par le vicomte PONSON DU TERRAIL, auteur de : les CHEVALIERS DU CLAIR DE LUNE, le TROU DE SATAN, etc.

Wassy. — Imprimerie de Mougin-Dallemagne.

www.ingramcontent.com/pod-product-compliance
Lightning Source LLC
Chambersburg PA
CBHW060646170426
43199CB00012B/1688